VICTOR HUGO

LES

MISÉRABLES

QUATRIÈME PARTIE

L'IDYLLE RUE PLUMET
ET L'EPOPÉE RUE SAINT-DENIS

II

PARIS
PAGNERRE, LIBRAIRE-ÉDITEUR
18 RUE DE SEINE 18

M DCCC LXII

LES
MISÉRABLES

TOME HUITIÈME

ÉDITEURS

A. LACROIX, VERBOECKHOVEN ET C‘

A BRUXELLES

VICTOR HUGO

LES

MISÉRABLES

QUATRIÈME PARTIE

L'IDYLLE RUE PLUMET
ET L'ÉPOPÉE RUE SAINT-DENIS

II

PARIS

PAGNERRE, LIBRAIRE-ÉDITEUR
18 RUE DE SEINE 18

MDCCCLXII

Droits de reproduction et de traduction
réservés.

LIVRE HUITIÈME

LES ENCHANTEMENTS ET LES DESOLATIONS

I

PLEINE LUMIÈRE

Le lecteur a compris qu'Éponine, ayant reconnu à travers la grille l'habitante de cette rue Plumet où Magnon l'avait envoyée, avait commencé par écarter les bandits de la rue Plumet, puis y avait conduit Marius, et qu'après plusieurs jours d'extase devant cette grille, Marius, entraîné par cette force qui pousse le fer vers l'aimant et l'amoureux vers les pierres dont est faite la maison de celle qu'il aime, avait fini par entrer dans le jardin de Cosette comme Roméo dans le jardin de Juliette. Cela même lui avait été plus facile qu'à Roméo; Roméo était obligé d'escalader un mur, Marius n'eut qu'à forcer un peu un des barreaux de la grille décrépite qui vacillait dans son alvéole rouillée, à la manière des dents des vieilles gens. Marius était mince et passa aisément.

Comme il n'y avait jamais personne dans la rue et que d'ailleurs Marius ne pénétrait dans le jardin que la nuit, il ne risquait pas d'être vu.

A partir de cette heure bénie et sainte où un baiser fiança ces deux âmes, Marius vint là tous les soirs. Si, à ce moment de sa vie, Cosette était tombée dans l'amour d'un homme peu scrupuleux et libertin, elle était perdue; car il y a des natures généreuses qui se livrent, et Cosette en était une. Une des magnanimités de la femme, c'est de céder. L'amour, à cette hauteur où il est absolu, se complique d'on ne sait quel céleste aveuglement de la pudeur. Mais que de dangers vous courez, ô nobles âmes! Souvent, vous donnez le cœur, nous prenons le corps. Votre cœur vous reste, et vous le regardez dans l'ombre en frémissant. L'amour n'a point de moyen terme; ou il perd, ou il sauve. Toute la destinée humaine est ce dilemme-là. Ce dilemme, perte ou salut, aucune fatalité ne le pose plus inexorablement que l'amour. L'amour est la vie, s'il n'est pas la mort. Berceau; cercueil aussi. Le même sentiment dit oui et non dans le cœur humain. De toutes les choses que Dieu a faites, le cœur humain est celle qui dégage le plus de lumière, hélas! et le plus de nuit.

Dieu voulut que l'amour que Cosette rencontra fût un de ces amours qui sauvent.

Tant que dura le mois de mai de cette année 1832, il y eut là, toutes les nuits, dans ce pauvre jardin sauvage, sous cette broussaille chaque jour plus odorante et plus épaissie, deux êtres composés de toutes les chastetés et de toutes les innocences, débordant de toutes les félicités du ciel, plus voisins des archanges que des hommes, purs, honnêtes, enivrés, rayonnants, qui resplendissaient l'un pour l'autre dans les ténèbres. Il semblait à Cosette que Marius avait une couronne et à Marius que Cosette avait un nimbe. Ils se touchaient, ils se regardaient, ils se prenaient les mains, ils se serraient l'un contre l'autre; mais il y avait une distance qu'ils ne franchissaient pas. Non qu'ils la respectassent; ils l'ignoraient. Marius sentait une barrière, la pureté de Cosette, et Cosette sentait un appui, la loyauté de Marius. Le premier baiser avait été aussi le dernier. Marius depuis, n'était pas allé au delà d'effleurer de ses lèvres la main, ou le fichu, ou une boucle de cheveux de Cosette. Cosette était pour lui un parfum et non une femme. Il la respirait. Elle ne refusait rien et il ne demandait rien. Cosette était heureuse, et Marius était satisfait. Ils vivaient dans ce ravissant état qu'on pourrait appeler l'éblouissement d'une âme par une âme. C'était cet ineffable premier embrassement de deux virginités dans l'idéal. Deux cygnes se rencontrant sur la Jungfrau.

A cette heure-là de l'amour, heure où la volupté se tait absolument sous la toute-puissance de l'extase, Marius, le pur et séraphique Marius eût été plutôt capable de monter chez une fille publique que de soulever la robe de Cosette à la hauteur de la cheville. Une fois, à un clair de lune, Cosette se pencha pour ramasser quelque chose à terre, son corsage s'entr'ouvrit et laissa voir la naissance de sa gorge. Marius détourna les yeux.

Que se passait-il entre ces deux êtres? Rien. Ils s'adoraient.

La nuit, quand ils étaient là, ce jardin semblait un lieu vivant et sacré. Toutes les fleurs s'ouvraient autour d'eux et leur envoyaient de l'encens; eux, ils ouvraient leurs âmes et les répandaient dans les fleurs. La végétation lascive et vigoureuse tressaillait pleine de séve et d'ivresse autour de ces deux innocents, et ils disaient des paroles d'amour dont les arbres frissonnaient.

Qu'étaient-ce que ces paroles? Des souffles. Rien de plus. Ces souffles suffisaient pour troubler et pour émouvoir toute cette nature. Puissance magique qu'on aurait peine à comprendre si on lisait dans un livre ces causeries faites pour être emportées et dissipées comme des fumées par le vent sous les feuilles. Otez à ces murmures de deux amants cette mélodie qui sort de l'âme et qui les accompagne comme une lyre, ce qui reste n'est plus qu'une ombre; vous dites : Quoi! ce n'est que cela! Eh oui, des enfantillages, des redites, des rires pour rien, des inutilités, des niaiseries, tout ce qu'il y a au monde de plus sublime et de plus profond! les seules choses qui vaillent la peine d'être dites et d'être écoutées !

Ces niaiseries-là, ces pauvretés-là, l'homme qui ne les a jamais entendues, l'homme qui ne les a jamais prononcées, est un imbécile et un méchant homme.

Cosette disait à Marius :

— Sais-tu?...

(Dans tout cela, et à travers cette céleste virginité, et sans qu'il fût possible à l'un et à l'autre de dire comment, le tutoiement était venu.)

— Sais-tu? Je m'appelle Euphrasie.

— Euphrasie? Mais non, tu t'appelles Cosette.

— Oh! Cosette est un assez vilain nom qu'on m'a donné comme cela quand j'étais petite. Mais mon vrai nom est Euphrasie. Est-ce que tu n'aimes pas ce nom-là, Euphrasie?

— Si... — Mais Cosette n'est pas vilain.

— Est-ce que tu l'aimes mieux qu'Euphrasie?

— Mais... — Oui.

— Alors je l'aime mieux aussi. C'est vrai, c'est joli, Cosette. Appelle-moi Cosette.

Et le sourire qu'elle ajoutait faisait de ce dialogue une idylle digne d'un bois qui serait dans le ciel.

Une autre fois elle le regardait fixement et s'écriait :

— Monsieur, vous êtes beau, vous êtes joli, vous avez de l'esprit, vous n'êtes pas bête du tout, vous êtes bien plus savant que moi, mais je vous défie à ce mot-là : je t'aime !

Et Marius, en plein azur, croyait entendre une strophe chantée par une étoile.

Ou bien, elle lui donnait une petite tape parce qu'il toussait, et elle lui disait :

— Ne toussez pas, monsieur. Je ne veux pas qu'on tousse chez moi sans ma permission. C'est très-laid de tousser et de m'inquiéter. Je veux que tu te portes bien, parce que d'abord, moi, si tu ne te portais pas bien, je serais très-malheureuse. Qu'est-ce que tu veux que je fasse ?

Et cela était tout simplement divin.

Une fois Marius dit à Cosette :

— Figure-toi, j'ai cru un temps que tu t'appelais Ursule.

Ceci les fit rire toute la soirée.

Au milieu d'une autre causerie, il lui arriva de s'écrier :

— Oh! un jour, au Luxembourg, j'ai eu envie d'achever de casser un invalide!

Mais il s'arrêta court et n'alla pas plus loin. Il aurait fallu parler à Cosette de sa jarretière, et cela lui était impossible. Il y avait là un côtoiement inconnu, la chair, devant lequel reculait, avec une sorte d'effroi sacré, cet immense amour innocent.

Marius se figurait la vie avec Cosette comme cela, sans autre chose; venir tous les soirs rue Plumet, déranger le vieux barreau complaisant de la grille du président, s'asseoir coude à coude sur ce banc, regarder à travers les arbres la scintillation de la nuit commençante, faire cohabiter le pli du genou de son pantalon avec l'ampleur de la robe de Cosette, lui caresser l'ongle du pouce, lui dire tu, respirer l'un après l'autre la même fleur, à jamais, indéfiniment. Pendant ce temps-là les nuages passaient au-dessus de leur tête. Chaque fois que le vent souffle, il emporte plus de rêves de l'homme que de nuées du ciel.

Que ce chaste amour presque farouche fût ab-

solument sans galanterie, non. « Faire des compli-
« ments » à celle qu'on aime est la première façon
de faire des caresses, demi-audace qui s'essaye. Le
compliment, c'est quelque chose comme le baiser
à travers le voile. La volupté y met sa douce
pointe, tout en se cachant. Devant la volupté le
cœur recule, pour mieux aimer. Les cajoleries de
Marius, toutes saturées de chimère, étaient, pour
ainsi dire, azurées. Les oiseaux, quand ils volent
là-haut du côté des anges, doivent entendre de ces
paroles-là. Il s'y mêlait pourtant la vie, l'humanité,
toute la quantité de positif dont Marius était capable. C'était ce qui se dit dans la grotte, prélude
de ce qui se dira dans l'alcôve; une effusion ly-
rique, la strophe et le sonnet mêlés, les gentilles
hyperboles du roucoulement, tous les raffinements
de l'adoration arrangés en bouquet et exhalant un
subtil parfum céleste, un ineffable gazouillement
de cœur à cœur.

— Oh! murmurait Marius, que tu es belle! je
n'ose pas te regarder. C'est ce qui fait que je te
contemple. Tu es une grâce. Je ne sais pas ce que
j'ai. Le bas de ta robe, quand le bout de ton sou-
lier passe, me bouleverse. Et puis quelle lueur en-

chantée quand ta pensée s'entr'ouvre ! Tu parles raison étonnamment. Il me semble par moments que tu es un songe. Parle, je t'écoute, je t'admire. O Cosette ! comme c'est étrange et charmant ! je suis vraiment fou. Vous êtes adorable, mademoiselle. J'étudie tes pieds au microscope et ton âme au télescope.

Et Cosette répondait :

— Je t'aime un peu plus de tout le temps qui s'est écoulé depuis ce matin.

Demandes et réponses allaient comme elles pouvaient dans ce dialogue, tombant toujours d'accord, sur l'amour, comme les figurines de sureau sur le clou.

Toute la personne de Cosette était naïveté, ingénuité, transparence, blancheur, candeur, rayon. On eût pu dire de Cosette qu'elle était claire. Elle faisait à qui la voyait une sensation d'avril et de point du jour. Il y avait de la rosée dans ses yeux. Cosette était une condensation de lumière aurorale en forme de femme.

Il était tout simple que Marius, l'adorant, l'admirât. Mais la vérité est que cette petite pensionnaire, fraîche émoulue du couvent, causait avec une pénétration exquise et disait par moments toutes sortes de paroles vraies et délicates. Son babil était de la conversation. Elle ne se trompait sur rien, et voyait juste. La femme sent et parle avec le tendre instinct du cœur, cette infaillibilité. Personne ne sait comme une femme dire des choses à la fois douces et profondes. La douceur et la profondeur, c'est là toute la femme; c'est là tout le ciel.

En cette pleine félicité, il leur venait à chaque instant des larmes aux yeux. Une bête à bon Dieu écrasée, une plume tombée d'un nid, une branche d'aubépine cassée, les apitoyait, et leur extase, doucement noyée de mélancolie, semblait ne demander pas mieux que de pleurer. Le plus souverain symptôme de l'amour, c'est un attendrissement parfois presque insupportable.

Et, à côté de cela, — toutes ces contradictions sont le jeu d'éclairs de l'amour, — ils riaient volontiers, et avec une liberté ravissante, et si familièrement qu'ils avaient parfois presque l'air de deux garçons. Cependant, à l'insu même des cœurs ivres de chasteté, la nature inoubliable est toujours là. Elle est là, avec son but brutal et sublime; et, quelle que soit l'innocence des âmes, on sent, dans le tête-à-tête le plus pudique, l'adorable et mystérieuse nuance qui sépare un couple d'amants d'une paire d'amis.

Ils s'idolâtraient.

Le permanent et l'immuable subsistent. On s'aime, on se sourit, on se rit, on se fait des petites moues avec le bout des lèvres, on s'entrelace les doigts des mains, on se tutoie, et cela n'empêche pas l'éternité. Deux amants se cachent dans le soir, dans le crépuscule, dans l'invisible, avec les oiseaux, avec les roses, ils se fascinent l'un l'autre dans l'ombre avec leurs cœurs qu'ils mettent dans leurs yeux, ils murmurent, ils chuchotent, et pendant ce temps-là d'immenses balancements d'astres emplissent l'infini.

II

L'ÉTOURDISSEMENT DU BONHEUR COMPLET

Ils existaient vaguement, effarés de bonheur. Ils ne s'apercevaient pas du choléra qui décimait Paris précisément en ce mois-là. Ils s'étaient fait le plus de confidences qu'ils avaient pu, mais cela n'avait pas été bien loin au delà de leurs noms. Marius avait dit à Cosette qu'il était orphelin, qu'il s'appelait Marius Pontmercy, qu'il était avocat, qu'il vivait d'écrire des choses pour les libraires, que son père était colonel, que c'était un héros, et que lui Marius était brouillé avec son grand-père qui était riche. Il lui avait aussi un peu dit qu'il était baron; mais cela n'avait fait aucun effet à Cosette. Marius baron? elle n'avait pas compris. Elle ne savait pas ce que ce mot voulait dire. Marius était Marius. De son côté elle lui avait confié qu'elle avait été élevée au couvent du Petit-Picpus, que sa mère était morte comme à lui, que son père s'appelait M. Fauchelevent, qu'il était très-bon, qu'il donnait beaucoup aux pauvres, mais qu'il était pauvre lui-même, et qu'il se privait de tout en ne la privant de rien.

Chose bizarre, dans l'espèce de symphonie où Marius vivait depuis qu'il voyait Cosette, le passé, même le plus récent, était devenu tellement confus et lointain pour lui que ce que Cosette lui conta le satisfit pleinement. Il ne songea même pas à lui parler de l'aventure nocturne de la masure, des Thénardier, de la brûlure, et de l'étrange attitude et de la singulière fuite de son père. Marius avait momentanément oublié tout cela; il ne savait même pas le soir ce qu'il avait fait le matin, ni où il avait déjeuné, ni qui lui avait parlé; il avait des chants dans l'oreille qui le rendaient sourd à toute autre pensée ; il n'existait qu'aux heures où il voyait Cosette. Alors, comme il était dans le ciel, il était tout simple qu'il oubliât la terre. Tous deux portaient avec langueur le poids indéfinissable des voluptés immatérielles. Ainsi vivent ces somnambules qu'on appelle les amoureux.

Hélas! qui n'a éprouvé toutes ces choses? pourquoi vient-il une heure où l'on sort de cet azur, et pourquoi la vie continue-t-elle après?

Aimer remplace presque penser. L'amour est un ardent oubli du reste. Demandez donc de la logique à la passion. Il n'y a pas plus d'enchaînement logique absolu dans le cœur humain qu'il n'y a de figure géométrique parfaite dans la mécanique céleste. Pour Cosette et Marius rien n'existait plus que Marius et Cosette. L'univers autour d'eux était tombé dans un trou. Ils vivaient dans une minute d'or. Il n'y avait rien devant, rien derrière. C'est à peine si Marius songeait que Cosette avait un père. Il y avait dans son cerveau l'effacement de l'éblouissement. De quoi donc parlaient-ils, ces amants? On l'a vu, des fleurs, des hirondelles, du soleil couchant, du lever de la lune, de toutes les choses importantes. Ils s'étaient dit tout, excepté tout. Le tout des amoureux, c'est le rien. Mais le père, les réalités, ce bouge, ces bandits, cette aventure, à quoi bon? et était-il bien sûr que ce cauchemar eût existé? On était deux, on s'adorait, il n'y avait que cela. Toute autre chose n'était pas. Il est probable que cet évanouissement de l'enfer derrière nous est inhérent à l'arrivée au paradis. Est-ce qu'on a vu des démons? est-ce qu'il y en a? est-ce qu'on a tremblé? est-ce qu'on a souffert? On n'en sait plus rien. Une nuée rose est là-dessus.

Donc ces deux êtres vivaient ainsi, très-haut, avec toute l'invraisemblance qui est dans la nature ; ni au nadir, ni au zénith, entre l'homme et le séraphin, au-dessus de la fange, au-dessous de l'éther, dans le nuage; à peine os et chair, âme et extase de la tête aux pieds; déjà trop sublimés pour marcher à terre, encore trop chargés d'humanité pour disparaître dans le bleu, en suspension comme des atomes qui attendent le précipité; en apparence hors du destin; ignorant cette ornière, hier, aujourd'hui, demain; émerveillés, pâmés, flottants; par moments, assez allégés pour la fuite dans l'infini; presque prêts à l'envolement éternel.

Ils dormaient éveillés dans ce bercement. O léthargie splendide du réel accablé d'idéal!

Quelquefois, si belle que fût Cosette, Marius fermait les yeux devant elle. Les yeux fermés, c'est la meilleure manière de regarder l'âme.

Marius et Cosette ne se demandaient pas où cela les conduirait. Ils se regardaient comme arrivés. C'est une étrange prétention des hommes de vouloir que l'amour conduise quelque part.

III

COMMENCEMENT D'OMBRE

Jean Valjean, lui, ne se doutait de rien.

Cosette, un peu moins rêveuse que Marius, était gaie, et cela suffisait à Jean Valjean pour être heureux. Les pensées que Cosette avait, ses préoccupations tendres, l'image de Marius qui lui remplissait l'âme, n'ôtaient rien à la pureté incomparable de son beau front chaste et souriant. Elle était dans l'âge où la vierge porte son amour comme l'ange porte son lys. Jean Valjean était donc tranquille. Et puis, quand deux amants s'entendent, cela va toujours très-bien, le tiers quelconque qui pourrait troubler leur amour est maintenu dans un parfait aveuglement par un petit nombre de précautions toujours les mêmes pour tous les amoureux. Ainsi jamais d'objections de Cosette à Jean Valjean. Voulait-il promener? oui, mon petit père. Voulait-il rester? très-bien. Voulait-il passer la soirée près de Cosette? elle était ravie. Comme il se retirait toujours à dix heures du soir, ces fois-là Marius ne venait au jardin que passé cette heure, lorsqu'il entendait de la rue Cosette ouvrir la porte-fenêtre du perron. Il va sans dire que le jour on ne rencontrait jamais Marius. Jean Valjean ne songeait même plus que Marius existât. Une fois, seulement, un matin, il lui arriva de dire à Cosette : — Tiens, comme tu as du blanc derrière le dos! La veille au soir, Marius, dans un transport, avait pressé Cosette contre le mur.

La vieille Toussaint, qui se couchait de bonne heure, ne songeait qu'à dormir, une fois sa besogne faite, et ignorait tout comme Jean Valjean.

Jamais Marius ne mettait le pied dans la maison. Quand il était avec Cosette, ils se cachaient dans un enfoncement près du perron afin de ne pouvoir être vus ni entendus de la rue, et s'asseyaient là, se contentant souvent, pour toute conversation, de se presser les mains vingt fois par minute en regardant les branches des arbres. Dans ces instants-là, le tonnerre fût tombé à trente pas d'eux qu'ils ne s'en fussent pas doutés, tant la rêverie de l'un s'absorbait et plongeait profondément dans la rêverie de l'autre.

Puretés limpides. Heures toutes blanches; presque toutes pareilles. Ce genre d'amours-là est une collection de feuilles de lys et de plumes de colombe.

Tout le jardin était entre eux et la rue. Chaque fois que Marius entrait et sortait, il rajustait soigneusement le barreau de la grille de manière qu'aucun dérangement ne fût visible.

Il s'en allait habituellement vers minuit, et s'en retournait chez Courfeyrac. Courfeyrac disait à Bahorel :

— Croirais-tu? Marius rentre à présent à des une heure du matin.

Bahorel répondait :

— Que veux-tu? il y a toujours un pétard dans un séminariste.

Par moments Courfeyrac croisait les bras, prenait un air sérieux, et disait à Marius :

— Vous vous dérangez, jeune homme!

Courfeyrac, homme pratique, ne prenait pas en bonne part ce reflet d'un paradis invisible sur Marius; il avait peu l'habitude des passions inédites, il s'en impatientait, et il faisait par instants à Marius des sommations de rentrer dans le réel.

Un matin, il lui jeta cette admonition :

— Mon cher, tu me fais l'effet pour le moment d'être situé dans la lune, royaume du rêve, province de l'illusion, capitale Bulle de Savon. Voyons, sois bon enfant, comment s'appelle-t-elle?

Mais rien ne pouvait « faire parler » Marius. On lui eût arraché les ongles plutôt qu'une des trois syllabes sacrées dont se composait ce nom ineffable, *Cosette*. L'amour vrai est lumineux comme l'aurore et silencieux comme la tombe. Seulement il y avait, pour Courfeyrac, ceci de changé en Marius, qu'il avait une taciturnité rayonnante.

Pendant ce doux mois de mai Marius et Cosette connurent ces immenses bonheurs :

Se quereller et se dire vous, uniquement pour mieux se dire tu ensuite;

Se parler longuement, et dans les plus minutieux détails, de gens qui ne les intéressaient pas le moins du monde; preuve de plus que, dans ce ravissant opéra qu'on appelle l'amour, le libretto n'est presque rien;

Pour Marius, écouter Cosette parler chiffons;

Pour Cosette, écouter Marius parler politique;

Entendre, genou contre genou, rouler les voitures rue de Babylone;

Considérer la même planète dans l'espace ou le même ver luisant dans l'herbe;

Se taire ensemble; douceur plus grande encore que causer;

Etc., etc.

Cependant diverses complications approchaient.

Un soir, Marius s'acheminait au rendez-vous par le boulevard des Invalides; il marchait habituellement le front baissé; comme il allait tourner l'angle de la rue Plumet, il entendit qu'on disait tout près de lui:

— Bonsoir, monsieur Marius.

Il leva la tête, et reconnut Éponine.

Cela lui fit un effet singulier. Il n'avait pas songé une seule fois à cette fille depuis le jour où elle l'avait amené rue Plumet, il ne l'avait point revue, et elle lui était complétement sortie de l'esprit. Il n'avait que des motifs de reconnaissance pour elle, il lui devait son bonheur présent, et pourtant il lui était gênant de la rencontrer.

C'est une erreur de croire que la passion, quand elle est heureuse et pure, conduit l'homme à un état de perfection; elle le conduit simplement, nous l'avons constaté, à un état d'oubli. Dans cette situation, l'homme oublie d'être mauvais, mais il oublie aussi d'être bon. La reconnaissance, le devoir, les souvenirs essentiels et importuns, s'évanouissent. En tout autre temps Marius eût été bien autre pour Éponine. Absorbé par Cosette, il ne s'était même pas clairement rendu compte que cette Éponine s'appelait Éponine Thénardier, et qu'elle portait un nom écrit dans le testament de son père, ce nom pour lequel il se serait, quelques mois auparavant, si ardemment dévoué. Nous montrons Marius tel qu'il était. Son père lui-même disparaissait un peu dans son âme sous la splendeur de son amour.

Il répondit avec quelque embarras :

— Ah ! c'est vous, Éponine ?

— Pourquoi me dites-vous vous ? Est-ce que je vous ai fait quelque chose ?

— Non, répondit-il.

Certes, il n'avait rien contre elle. Loin de là. Seulement, il sentait qu'il ne pouvait faire autrement, maintenant qu'il disait tu à Cosette, que de dire vous à Éponine.

Comme il se taisait, elle s'écria :

— Dites donc...

Puis elle s'arrêta. Il semblait que les paroles manquaient à cette créature autrefois si insouciante et si hardie. Elle essaya de sourire et ne put. Elle reprit :

— Eh bien ?...

Puis elle se tut encore et resta les yeux baissés.

— Bonsoir, monsieur Marius, dit-elle tout à coup brusquement, et elle s'en alla.

IV

CAB ROULE EN ANGLAIS ET JAPPE EN ARGOT

Le lendemain, c'était le 3 juin, le 3 juin 1832, date qu'il faut indiquer à cause des événements graves qui étaient à cette époque suspendus sur l'horizon de Paris à l'état de nuages chargés, Marius à la nuit tombante suivait le même chemin que la veille avec les mêmes pensées de ravissement dans le cœur, lorsqu'il aperçut, entre les arbres du boulevard, Éponine qui venait à lui. Deux jours de suite, c'était trop. Il se détourna vivement, quitta le boulevard, changea de route, et s'en alla rue Plumet par la rue Monsieur.

Cela fit qu'Éponine le suivit jusqu'à la rue Plumet, chose qu'elle n'avait point faite encore. Elle s'était contentée jusque-là de l'apercevoir à son passage sur le boulevard sans même chercher à le rencontrer. La veille seulement, elle avait essayé de lui parler.

Éponine le suivit donc, sans qu'il s'en doutât. Elle le vit déranger le barreau de la grille, et se glisser dans le jardin.

— Tiens ! dit-elle, il entre dans la maison !

Elle s'approcha de la grille, tâta les barreaux l'un après l'autre et reconnut facilement celui que Marius avait dérangé.

Elle murmura à demi-voix avec un accent lugubre :

— Pas de ça, Lisette !

Elle s'assit sur le soubassement de la grille, tout à côté du barreau, comme si elle le gardait. C'était précisément le point où la grille venait toucher le mur voisin. Il y avait là un angle obscur où Éponine disparaissait entièrement.

Elle demeura ainsi plus d'une heure sans bouger et sans souffler, en proie à ses idées.

Vers dix heures du soir, un des deux ou trois passants de la rue Plumet, vieux bourgeois attardé qui se hâtait dans ce lieu désert et mal famé, côtoyant la grille du jardin, et arrivé à l'angle que la grille faisait avec le mur, entendit une voix sourde et menaçante qui disait :

— Je ne m'étonne plus s'il vient tous les soirs !

Le passant promena ses yeux autour de lui, ne vit personne, n'osa pas regarder dans ce coin noir, et eut grand peur. Il doubla le pas.

Ce passant eut raison de se hâter, car très-peu d'instants après, six hommes qui marchaient séparés et à quelque distance les uns des autres, le long du mur, et qu'on eût pu prendre pour une patrouille grise, entrèrent dans la rue Plumet.

Le premier qui arriva à la grille du jardin s'arrêta, et attendit les autres; une seconde après, ils étaient tous les six réunis.

Ces hommes se mirent à parler à voix basse.

— C'est icicaille, dit l'un d'eux.

— Y a-t-il un cab (*) dans le jardin? demanda un autre.

— Je ne sais pas. En tout cas j'ai levé (**) une boulette que nous lui ferons morfiler (***).

— As-tu du mastic pour frangir la vanterne (****)?
— Oui.

— La grille est vieille, reprit un cinquième qui avait une voix de ventriloque.

— Tant mieux, dit le second qui avait parlé. Elle ne criblera (*****) pas sous la bastringue (******) et ne sera pas si dure à faucher (*******).

Le sixième, qui n'avait pas encore ouvert la bouche, se mit à visiter la grille comme avait fait Éponine une heure auparavant, empoignant successivement chaque barreau et les ébranlant avec précaution. Il arriva ainsi au barreau que Marius

(*) Chien.
(**) Apporté. De l'espagnol *llevar*.
(***) Manger.
(****) *Casser un carreau* au moyen d'un emplâtre de mastic, qui, appuyé sur la vitre, retient les morceaux de verre et empêche le bruit.
(*****) Criera.
(******) La scie.
(*******) Couper.

avait descellé. Comme il allait saisir ce barreau, une main sortant brusquement de l'ombre s'abattit sur son bras, il se sentit vivement repoussé par le milieu de la poitrine, et une voix enrouée lui dit sans crier :

— Il y a un cab.

En même temps il vit une fille pâle debout devant lui.

L'homme eut cette commotion que donne toujours l'inattendu. Il se hérissa hideusement ; rien n'est formidable à voir comme les bêtes féroces inquiètes ; leur air effrayé est effrayant. Il recula, et bégaya :

— Quelle est cette drôlesse ?

— Votre fille.

C'était en effet Éponine qui parlait à Thénardier.

A l'apparition d'Éponine, les cinq autres, c'est-à-dire Claquesous, Gueulemer, Babet, Montparnasse et Brujon, s'étaient approchés sans bruit, sans précipitation, sans dire une parole, avec la lenteur sinistre propre à ces hommes de nuit.

On leur distinguait je ne sais quels hideux outils à la main. Gueulemer tenait une de ces pinces courbes que les rôdeurs appellent fanchons.

— Ah çà, qu'est-ce que tu fais là? qu'est-ce que tu nous veux? es-tu folle? s'écria Thénardier, autant qu'on peut s'écrier en parlant bas. Qu'est-ce que tu viens nous empêcher de travailler?

Éponine se mit à rire et lui sauta au cou.

— Je suis là, mon petit père, parce que je suis là. Est-ce qu'il n'est pas permis de s'asseoir sur les pierres, à présent? C'est vous qui ne devriez pas y être. Qu'est-ce que vous venez y faire, puisque c'est un biscuit? Je l'avais dit à Magnon. Il n'y a rien à faire ici. Mais embrassez-moi donc, mon bon petit père! Comme il y a longtemps que je ne vous ai vu! Vous êtes dehors donc?

Le Thénardier essaya de se débarrasser des bras d'Éponine et grommela :

— C'est bon. Tu m'as embrassé. Oui, je suis dehors. Je ne suis pas dedans. A présent, va-t'en.

Mais Éponine ne lâchait pas prise et redoublait ses caresses.

— Mon petit père, comment avez-vous donc fait? Il faut que vous ayez bien de l'esprit pour vous être tiré de là. Contez-moi ça! Et ma mère? où est ma mère? Donnez-moi donc des nouvelles de maman.

Thénardier répondit :

— Elle va bien, je ne sais pas, laisse-moi, je te dis va-t'en.

— Je ne veux pas m'en aller justement, fit Éponine avec une minauderie d'enfant gâté, vous me renvoyez que voilà quatre mois que je ne vous ai vu et que j'ai à peine eu le temps de vous embrasser.

Et elle reprit son père par le cou.

— Ah çà mais, c'est bête ! dit Babet.

— Dépêchons ! dit Gueulemer, les coqueurs peuvent passer.

La voix de ventriloque scanda ce distique :

> Nous n' sommes pas le jour de l'an,
> A bécoter papa maman.

Éponine se tourna vers les cinq bandits.

— Tiens, c'est monsieur Brujon. — Bonjour, monsieur Babet. Bonjour, monsieur Claquesous. — Est-ce que vous ne me reconnaissez pas, monsieur Gueulemer ? — Comment ça va, Montparnasse ?

— Si, on te reconnaît ! fit Thénardier. Mais

bonjour, bonsoir, au large! laisse-nous tranquilles.

— C'est l'heure des renards, et pas des poules, dit Montparnasse.

— Tu vois bien que nous avons à goupiner icigo (*), ajouta Babet.

Éponine prit la main de Montparnasse.

— Prends garde! dit-il, tu vas te couper, j'ai un lingre ouvert (**).

— Mon petit Montparnasse, répondit Éponine très-doucement, il faut avoir confiance dans les gens. Je suis la fille de mon père peut-être. Monsieur Babet, monsieur Gueulemer, c'est moi qu'on a chargée d'éclairer l'affaire.

Il est remarquable qu'Éponine ne parlait pas argot. Depuis qu'elle connaissait Marius, cette affreuse langue lui était devenue impossible.

Elle pressa dans sa petite main osseuse et faible comme la main d'un squelette les gros doigts rudes de Gueulemer et continua :

— Vous savez bien que je ne suis pas sotte.

(*) Travailler ici.
(**) Couteau.

Ordinairement on me croit. Je vous ai rendu service dans les occasions. Eh bien, j'ai pris des renseignements, vous vous exposeriez inutilement, voyez-vous. Je vous jure qu'il n'y a rien à faire dans cette maison-ci.

— Il y a des femmes seules, dit Gueulemer.

— Non. Les personnes sont déménagées.

— Les chandelles ne le sont pas, toujours! fit Babet.

Et il montra à Éponine, à travers le haut des arbres, une lumière qui se promenait dans la mansarde du pavillon. C'était Toussaint qui avait veillé pour étendre du linge à sécher.

Éponine tenta un dernier effort.

— Eh bien, dit-elle, c'est du monde très-pauvre, et une baraque où ils n'ont pas le sou.

— Va-t'en au diable! cria Thénardier. Quand nous aurons retourné la maison, et que nous aurons mis la cave en haut et le grenier en bas, nous te dirons ce qu'il y a dedans et si ce sont des balles, des ronds ou des broques (*).

(*) Des francs, des sous ou des liards.

Et il la poussa pour passer outre.

— Mon bon ami monsieur Montparnasse, dit Éponine, je vous en prie, vous qui êtes bon enfant, n'entrez pas!

— Prends donc garde, tu vas te couper, répliqua Montparnasse.

Thénardier reprit avec l'accent décisif qu'il avait :

— Décampe, la fée, et laisse les hommes faire leurs affaires!

Éponine lâcha la main de Montparnasse qu'elle avait ressaisie, et dit :

— Vous voulez donc entrer dans cette maison?
— Un peu! fit le ventriloque en ricanant.

Alors elle s'adossa à la grille, fit face aux six bandits armés jusqu'aux dents et à qui la nuit donnait des visages de démons, et dit d'une voix ferme et basse :

— Eh bien, moi, je ne veux pas.

Il s'arrêtèrent stupéfaits. Le ventriloque pourtant acheva son ricanement. Elle reprit :

— Les amis! écoutez bien. Ce n'est pas ça. Maintenant je parle. D'abord, si vous entrez dans le jardin, si vous touchez à cette grille, je crie, je cogne aux portes, je réveille le monde, je vous fais empoigner tous les six, j'appelle les sergents de ville.

— Elle le ferait, dit Thénardier bas à Brujon et au ventriloque.

Elle secoua la tête et ajouta :

— A commencer par mon père!

Thénardier s'approcha.

— Pas si près, bonhomme! dit-elle.

Il recula en grommelant dans ses dents : Mais qu'est-ce qu'elle a donc ? et il ajouta :

— Chienne!

Elle se mit à rire d'une façon terrible :

— Comme vous voudrez, vous n'entrerez pas. Je ne suis pas la fille au chien, puisque je suis la fille au loup. Vous êtes six, qu'est-ce que cela me fait? Vous êtes des hommes. Eh bien, je suis une femme. Vous ne me faites pas peur, allez. Je vous dis que vous n'entrerez pas dans cette maison, parce que cela ne me plaît pas. Si vous approchez, j'aboie. Je vous l'ai dit, le cab c'est moi, je me fiche pas mal de vous. Passez votre chemin, vous m'ennuyez! Allez où vous voudrez, mais ne venez pas ici, je vous le défends! Vous à coups de couteau, moi à coups de savate, ça m'est égal, avancez donc !

Elle fit un pas vers les bandits, elle était effrayante, elle se mit à rire.

— Pardine ! je n'ai pas peur. Cet été, j'aurai faim, cet hiver, j'aurai froid. Sont-ils farces, ces bêtas d'hommes de croire qu'ils font peur à une fille ! De quoi ! peur ? Ah ouiche, joliment ! Parce que vous avez des chipies de maîtresses qui se cachent sous le lit quand vous faites la grosse voix, voilà-t-il pas ! Moi, je n'ai peur de rien !

Elle appuya sur Thénardier son regard fixe, et dit :
— Pas même de vous, mon père !

Puis elle poursuivit en promenant sur les bandits ses sanglantes prunelles de spectre :

— Qu'est-ce que cela me fait à moi qu'on me ramasse demain rue Plumet sur le pavé, tuée à coups de surin par mon père, ou bien qu'on me trouve dans un an dans les filets de Saint-Cloud ou à l'île des Cygnes au milieu des vieux bouchons pourris et des chiens noyés !

Force lui fut de s'interrompre ; une toux sèche la prit, son souffle sortait comme un râle de sa poitrine étroite et débile.

Elle reprit :

— Je n'ai qu'à crier, on vient, patatras. Vous êtes six ; moi, je suis tout le monde.

Thénardier fit un mouvement vers elle.

— Prochez pas ! cria-t-elle.

Il s'arrêta, et lui dit avec douceur :

— Eh bien non ; je n'approcherai pas, mais ne parle pas si haut. Ma fille, tu veux donc nous empêcher de travailler? Il faut pourtant que nous gagnions notre vie. Tu n'as donc plus d'amitié pour ton père?

— Vous m'embêtez, dit Éponine.

— Il faut pourtant que nous vivions, que nous mangions...

— Crevez.

Cela dit, elle s'assit sur le soubassement de la grille en chantonnant :

> Mon bras si dodu,
> Ma jambe bien faite,
> Et le temps perdu.

Elle avait le coude sur le genou et le menton dans sa main, et elle balançait son pied d'un air d'indifférence. Sa robe trouée laissait voir ses clavicules maigres. Le réverbère voisin éclairait son profil et son attitude. On ne pouvait rien voir de plus résolu et de plus surprenant.

Les six escarpes, interdits et sombres d'être tenus en échec par une fille, allèrent sous l'ombre portée de la lanterne et tinrent conseil avec des haussements d'épaule humiliés et furieux.

Elle cependant les regardait d'un air paisible et farouche.

— Elle a quelque chose, dit Babet. Une raison. Est-ce qu'elle est amoureuse du cab? C'est pourtant dommage de manquer ça. Deux femmes, un vieux qui loge dans une arrière-cour, il y a des rideaux pas mal aux fenêtres. Le vieux doit être un guinal (*). Je crois l'affaire bonne.

— Eh bien, entrez, vous autres, s'écria Montparnasse. Faites l'affaire. Je resterai là avec la fille, et si elle bronche...

Il fit reluire au réverbère le couteau qu'il tenait ouvert dans sa manche.

Thénardier ne disait mot et semblait prêt à ce qu'on voudrait.

(*) Un juif.

Brujon, qui était un peu oracle et qui avait, comme on sait, « donné l'affaire, » n'avait pas encore parlé. Il paraissait pensif. Il passait pour ne reculer devant rien, et l'on savait qu'il avait dévalisé, rien que par bravade, un poste de sergents de ville. En outre il faisait des vers et des chansons, ce qui lui donnait une grande autorité.

Babet le questionna.

— Tu ne dis rien, Brujon?

Brujon resta encore un instant silencieux, puis il hocha la tête de plusieurs façons variées, et se décida enfin à élever la voix :

— Voici : j'ai rencontré ce matin deux moineaux qui se battaient; ce soir, je me cogne à une femme qui querelle. Tout ça est mauvais. Allons-nous-en.

Ils s'en allèrent.

Tout en s'en allant, Montparnasse murmura :

— C'est égal, si on avait voulu, j'aurais donné le coup de pouce.

Babet répondit :

— Moi pas. Je ne tape pas une dame.

Au coin de la rue, ils s'arrêtèrent et échangèrent à voix sourde ce dialogue énigmatique :

— Où irons-nous coucher ce soir?

— Sous Pantin (*).

— As-tu sur toi la clef de la grille, Thénardier?

— Pardi.

Éponine, qui ne les quittait pas des yeux, les vit reprendre le chemin par où ils étaient venus. Elle se leva et se mit à ramper derrière eux le long des murailles et des maisons. Elle les suivit ainsi jusqu'au boulevard. Là, ils se séparèrent, et elle vit ces six hommes s'enfoncer dans l'obscurité où ils semblèrent fondre.

(*) *Pantin,* Paris.

V

CHOSES DE LA NUIT

Après le départ des bandits, la rue Plumet reprit son tranquille aspect nocturne.

Ce qui venait de se passer dans cette rue n'eût point étonné une forêt. Les futaies, les taillis, les bruyères, les branches âprement entre-croisées, les hautes herbes, existent d'une manière sombre; le fourmillement sauvage entrevoit là les subites apparitions de l'invisible; ce qui est au-dessous de l'homme y distingue à travers la brume ce qui est au delà de l'homme ; et les choses ignorées de nous vivants s'y confrontent dans la nuit. La nature hérissée et fauve s'effare à de certaines approches où elle croit sentir le surnaturel. Les forces de l'ombre se connaissent, et ont entre elles de mystérieux équilibres. Les dents et les griffes redoutent l'insaisissable. La bestialité buveuse de sang, les voraces appétits affamés en quête de la proie, les instincts armés d'ongles et de mâchoires qui ont pour source et pour but le ventre, regardent et flairent avec inquiétude l'impassible linéament spectral rôdant sous un suaire, debout dans sa vague robe frissonnante, et qui leur semble vivre d'une vie morte et terrible. Ces brutalités, qui ne sont que matière, craignent confusément d'avoir affaire à l'immense obscurité condensée dans un être inconnu. Une figure noire barrant le passage arrête net la bête farouche. Ce qui sort du cimetière intimide et déconcerte ce qui sort de l'antre ; le féroce a peur du sinistre ; les loups reculent devant une goule rencontrée.

VI

MARIUS REDEVIENT RÉEL AU POINT DE DONNER
SON ADRESSE A COSETTE

Pendant que cette espèce de chienne à figure humaine montait la garde contre la grille et que les six bandits lâchaient pied devant une fille, Marius était près de Cosette.

Jamais le ciel n'avait été plus constellé et plus charmant, les arbres plus tremblants, la senteur des herbes plus pénétrante; jamais les oiseaux ne s'étaient endormis dans les feuilles avec un bruit plus doux; jamais toutes les harmonies de la sérénité universelle n'avaient mieux répondu aux musiques intérieures de l'amour; jamais Marius n'avait été plus épris, plus heureux, plus extasié. Mais il avait trouvé Cosette triste. Cosette avait pleuré. Elle avait les yeux rouges.

C'était le premier nuage dans cet admirable rêve.

Le premier mot de Marius avait été :

— Qu'as-tu?

Et elle avait répondu :

— Voilà.

Puis elle s'était assise sur le banc près du perron, et pendant qu'il prenait place tout tremblant auprès d'elle, elle avait poursuivi :

— Mon père m'a dit ce matin de me tenir prête, qu'il avait des affaires, et que nous allions peut-être partir.

Marius frissonna de la tête aux pieds.

Quand on est à la fin de la vie, mourir, cela veut dire partir; quand on est au commencement, partir, cela veut dire mourir.

Depuis six semaines, Marius, peu à peu, lente-

tement, par degrés, prenait chaque jour possession
de Cosette. Possession tout idéale, mais profonde.
Comme nous l'avons expliqué déjà, dans le premier amour, on prend l'âme bien avant le corps;
plus tard on prend le corps bien avant l'âme;
quelquefois on ne prend pas l'âme du tout; les
Faublas et les Prudhomme ajoutent : parce qu'il
n'y en a pas; mais le sarcasme est par bonheur un
blasphème. Marius donc possédait Cosette, comme
les esprits possèdent; mais il l'enveloppait de toute
son âme et la saisissait jalousement avec une incroyable conviction. Il possédait son sourire, son
haleine, son parfum, le rayonnement profond de
ses prunelles bleues, la douceur de sa peau quand
il lui touchait la main, le charmant signe qu'elle
avait au cou, toutes ses pensées. Ils étaient con-
venus de ne jamais dormir sans rêver l'un de
l'autre, et ils s'étaient tenu parole. Il possédait
donc tous les rêves de Cosette. Il regardait sans
cesse et il effleurait quelquefois de son souffle les
petits cheveux qu'elle avait à la nuque et il se dé-
clarait qu'il n'y avait pas un de ces petits cheveux
qui ne lui appartînt à lui Marius. Il contemplait et
il adorait les choses qu'elle mettait, son nœud de

ruban, ses gants, ses manchettes, ses brodequins, comme des objets sacrés dont il était le maître. Il songeait qu'il était le seigneur de ces jolis peignes d'écaille qu'elle avait dans ses cheveux, et il se disait même, sourds et confus bégayements de la volupté qui se faisait jour, qu'il n'y avait pas un cordon de sa robe, pas une maille de ses bas, pas un pli de son corset, qui ne fût à lui. A côté de Cosette, il se sentait près de son bien, près de sa chose, près de son despote et de son esclave. Il semblait qu'ils eussent tellement mêlé leurs âmes que, s'ils eussent voulu les reprendre, il leur eût été impossible de les reconnaître. — Celle-ci est la mienne. — Non, c'est la mienne. — Je t'assure que tu te trompes. Voilà bien moi. — Ce que tu prends pour toi, c'est moi. — Marius était quelque chose qui faisait partie de Cosette et Cosette était quelque chose qui faisait partie de Marius. Marius sentait Cosette vivre en lui. Avoir Cosette, posséder Cosette, cela pour lui n'était pas distinct de respirer. Ce fut au milieu de cette foi, de cet enivrement, de cette possession virginale, inouïe et absolue, de cette souveraineté, que ces mots : « Nous allons partir, » tombèrent tout à coup, et que la voix brusque de la réalité lui cria : Cosette n'est pas à toi !

Marius se réveilla. Depuis six semaines, Marius vivait, nous l'avons dit, hors de la vie ; ce mot, partir ! l'y fit rentrer durement.

Il ne trouva pas une parole. Cosette sentit seulement que sa main était très-froide. Elle lui dit à son tour :

— Qu'as-tu ?

Il répondit si bas que Cosette l'entendait à peine :

— Je ne comprends pas ce que tu as dit.

Elle reprit :

— Ce matin mon père m'a dit de préparer toutes mes petites affaires et de me tenir prête, qu'il me donnerait son linge pour le mettre dans une malle, qu'il était obligé de faire un voyage, que nous allions partir, qu'il faudrait avoir une grande malle pour moi et une petite pour lui, de préparer tout cela d'ici à une semaine, et que nous irions peut-être en Angleterre.

— Mais c'est monstrueux ! s'écria Marius.

Il est certain qu'en ce moment, dans l'esprit de Marius, aucun abus de pouvoir, aucune violence, aucune abomination des tyrans les plus prodigieux, aucune action de Busiris, de Tibère ou de Henry VIII n'égalait en férocité celle-ci : M. Fauchelevent emmenant sa fille en Angleterre parce qu'il a des affaires.

Il demanda d'une voix faible :

— Et quand partirais-tu?

— Il n'a pas dit quand.

— Et quand reviendrias-tu?

— Il n'a pas dit quand.

Marius se leva, et dit froidement :

— Cosette, irez-vous?

Cosette tourna vers lui ses beaux yeux pleins d'angoisse et répondit avec une sorte d'égarement :

— Où?

— En Angleterre? irez-vous?

— Pourquoi me dis-tu vous?

— Je vous demande si vous irez?

— Comment veux-tu que je fasse? dit-elle en joignant les mains.

— Ainsi, vous irez?

— Si mon père y va?

— Ainsi, vous irez?

Cosette prit la main de Marius et l'étreignit sans répondre.

— C'est bon, dit Marius. Alors j'irai ailleurs.

Cosette sentit le sens de ce mot plus encore qu'elle ne le comprit. Elle pâlit tellement que sa figure devint blanche dans l'obscurité. Elle balbutia :

— Que veux-tu dire?

Marius la regarda, puis éleva lentement ses yeux vers le ciel et répondit :

— Rien.

Quand sa paupière s'abaissa, il vit Cosette qui lui souriait. Le sourire d'une femme qu'on aime a une clarté qu'on voit la nuit.

— Que nous sommes bêtes! Marius, j'ai une idée.

— Quoi?

— Pars si nous partons! je te dirai où! Viens me rejoindre où je serai!

Marius était maintenant un homme tout à fait réveillé. Il était retombé dans la réalité. Il cria à Cosette :

— Partir avec vous! es-tu folle! Mais il faut de l'argent, et je n'en ai pas! Aller en Angleterre? Mais je dois maintenant, je ne sais pas, plus de dix louis à Courfeyrac, un de mes amis que tu ne connais pas! Mais j'ai un vieux chapeau qui ne vaut pas trois francs, j'ai un habit où il manque des boutons par devant, ma chemise est toute déchirée, j'ai les coudes percés, mes bottes prennent l'eau; depuis six semaines je n'y pense plus, et je ne te l'ai pas dit. Cosette! je suis un misérable. Tu ne me vois que la nuit, et tu me donnes ton amour ; si tu me voyais le jour, tu me donnerais un sou! Aller en Angleterre! Eh! je n'ai pas de quoi payer le passeport!

Il se jeta contre un arbre qui était là, debout, les deux bras au-dessus de sa tête, le front contre l'écorce, ne sentant ni le bois qui lui écorchait la peau ni la fièvre qui lui martelait les tempes, immobile, et prêt à tomber, comme la statue du Désespoir.

Il demeura longtemps ainsi. On resterait l'éternité dans ces abîmes-là. Enfin il se retourna. Il entendait derrière lui un petit bruit étouffé, doux et triste.

C'était Cosette qui sanglotait.

Elle pleurait depuis plus de deux heures à côté de Marius qui songeait.

Il vint à elle, tomba à genoux, et, se prosternant

lentement, il prit le bout de son pied qui passait sous sa robe et le baisa.

Elle le laissa faire en silence. Il y a des moments où la femme accepte, comme une déesse sombre et résignée, la religion de l'amour.

— Ne pleure pas, dit-il.

Elle murmura :

— Puisque je vais peut-être m'en aller, et que tu ne peux pas venir !

Lui reprit :

— M'aimes-tu ?

Elle lui répondit en sanglotant ce mot du paradis qui n'est jamais plus charmant qu'à travers les larmes :

— Je t'adore !

Il poursuivit avec un son de voix qui était une inexprimable caresse :

— Ne pleure pas. Dis, veux-tu faire cela pour moi de ne pas pleurer ?

— M'aimes-tu, toi ? dit-elle.

Il lui prit la main.

— Cosette, je n'ai jamais donné ma parole d'honneur à personne, parce que ma parole d'honneur me fait peur. Je sens que mon père est à côté.

Eh bien, je te donne ma parole d'honneur la plus sacrée que, si tu t'en vas, je mourrai.

Il y eut dans l'accent dont il prononça ces paroles une mélancolie si solennelle et si tranquille, que Cosette trembla. Elle sentit ce froid que donne une chose sombre et vraie qui passe. De saisissement elle cessa de pleurer.

— Maintenant écoute, dit-il, ne m'attends pas demain.

— Pourquoi?

— Ne m'attends qu'après-demain.

— Oh! pourquoi?

— Tu verras.

— Un jour sans te voir! mais c'est impossible.

— Sacrifions un jour pour avoir peut-être toute la vie.

Et Marius ajouta à demi-voix et en aparté :

— C'est un homme qui ne change rien à ses habitudes, et il n'a jamais reçu personne que le soir.

— De quel homme parles-tu? demanda Cosette.

— Moi? je n'ai rien dit.

— Qu'est-ce que tu espères donc?

— Attends jusqu'à après-demain.

— Tu le veux?

— Oui, Cosette.

Elle lui prit la tête dans ses deux mains, se haussant sur la pointe des pieds pour être à sa taille, et cherchant à voir dans ses yeux son espérance.

Marius reprit :

— J'y songe, il faut que tu saches mon adresse, il peut arriver des choses, on ne sait pas, je demeure chez cet ami appelé Courfeyrac, rue de la Verrerie, numéro 16.

Il fouilla dans sa poche, en tira un couteau-canif, et avec la lame écrivit sur le plâtre du mur :

16, rue de la Verrerie.

Cosette cependant s'était remise à lui regarder dans les yeux.

— Dis-moi ta pensée. Marius, tu as une pensée. Dis-la-moi. Oh! dis-la-moi pour que je passe une bonne nuit !

— Ma pensée, la voici : c'est qu'il est impossible que Dieu veuille nous séparer. Attends-moi après-demain.

— Qu'est-ce que je ferai jusque-là ? dit Cosette. Toi, tu es dehors, tu vas, tu viens! Comme c'est heureux, les hommes! Moi, je vais rester toute seule! Oh! que je vais être triste! Qu'est-ce que tu feras donc demain soir, dis?

— J'essayerai une chose.

— Alors je prierai Dieu et je penserai à toi d'ici là pour que tu réussisses. Je ne te questionne plus, puisque tu ne veux pas. Tu es mon maître. Je passerai ma soirée demain à chanter cette musique d'*Euryanthe* que tu aimes et que tu es venu entendre un soir derrière mon volet. Mais après-demain tu viendras de bonne heure. Je t'attendrai à la nuit, à neuf heures précises, je t'en préviens. Mon Dieu! que c'est triste que les jours soient longs! Tu entends, à neuf heures sonnant je serai dans le jardin.

— Et moi aussi.

Et sans se l'être dit, mus par la même pensée, entraînés par ces courants électriques qui mettent deux amants en communication continuelle, tous deux enivrés de volupté jusque dans leur douleur, ils tombèrent dans les bras l'un de l'autre, sans s'apercevoir que leurs lèvres s'étaient jointes pendant que leurs regards levés, débordant d'extase et pleins de larmes, contemplaient les étoiles.

Quand Marius sortit, la rue était déserte. C'était

le moment où Éponine suivait les bandits jusque sur le boulevard.

Tandis que Marius rêvait la tête appuyée contre l'arbre, une idée lui avait traversé l'esprit; une idée, hélas! qu'il jugeait lui-même insensée et impossible. Il avait pris un parti violent.

VII

LE VIEUX CŒUR ET LE JEUNE CŒUR EN PRÉSENCE

Le père Gillenormand avait à cette époque ses quatre-vingt-onze ans bien sonnés. Il demeurait toujours avec mademoiselle Gillenormand rue des Filles-du-Calvaire, n° 6, dans cette vieille maison qui était à lui. C'était, on s'en souvient, un de ces vieillards antiques qui attendent la mort tout droits, que l'âge charge sans les faire plier, et que le chagrin même ne courbe pas.

Cependant, depuis quelque temps, sa fille disait : mon père baisse. Il ne souffletait plus les servantes; il ne frappait plus de sa canne avec autant de verve le palier de l'escalier quand Basque tardait à lui ouvrir. La révolution de Juillet l'avait à peine exaspéré pendant six mois. Il avait vu presque avec tranquillité dans le *Moniteur* cet accouplement de mots : M. Humblot-Conté, pair de France. Le fait est que le vieillard était rempli d'accablement. Il ne fléchissait pas, il ne se rendait pas; ce n'était pas plus dans sa nature physique que dans sa nature morale; mais il se sentait intérieurement défaillir. Depuis quatre ans il attendait Marius, de pied ferme, c'est bien le mot, avec la conviction que ce mauvais petit garnement sonnerait à la porte un jour ou l'autre; maintenant il en venait, dans de certaines heures mornes, à se dire que pour peu que Marius se fît encore attendre... — Ce n'était pas la mort qui lui était insupportable, c'était l'idée que peut-être il ne reverrait plus Marius. Ne plus revoir Marius, ceci n'était pas même entré un instant dans son cerveau jusqu'à ce jour; à présent cette idée commençait à lui apparaître, et le glaçait. L'absence, comme il arrive toujours dans les sentiments naturels et vrais, n'avait fait qu'accroître son amour de grand-père pour l'enfant ingrat qui s'en était allé comme cela. C'est dans les nuits de décembre, par dix degrés de froid, qu'on pense le plus au soleil. M. Gillenormand était, ou se croyait, par-dessus tout incapable de faire un pas, lui l'aïeul, vers son petit-fils ; — je crèverais plutôt, disait-il. Il ne se trouvait aucun tort ; mais il ne songeait à Marius qu'avec un attendrissement profond et le muet désespoir d'un vieux bonhomme qui s'en va dans les ténèbres.

Il commençait à perdre ses dents, ce qui s'ajoutait à sa tristesse.

M. Gillenormand, sans pourtant se l'avouer à lui-même, car il en eût été furieux et honteux, n'avait jamais aimé une maîtresse comme il aimait Marius.

Il avait fait placer dans sa chambre, devant le chevet de son lit, comme la première chose qu'il voulait voir en s'éveillant, un ancien portrait de son autre fille, celle qui était morte, madame Pontmercy, portrait fait lorsqu'elle avait dix-huit ans. Il regardait sans cesse ce portrait. Il lui arriva un jour de dire en le considérant :

— Je trouve qu'il lui ressemble.

— A ma sœur? reprit mademoiselle Gillenormand. Mais oui.

Le vieillard ajouta :

— Et à lui aussi.

Une fois, comme il était assis, les deux genoux l'un contre l'autre et l'œil presque fermé, dans une posture d'abattement, sa fille se risqua à lui dire :

— Mon père, est-ce que vous en voulez toujours autant?...

Elle s'arrêta, n'osant aller plus loin.

— A qui? demanda-t-il.

— A ce pauvre Marius?

Il souleva sa vieille tête, posa son poing amaigri et ridé sur la table, et cria de son accent le plus irrité et le plus vibrant :

— Pauvre Marius, vous dites! Ce monsieur est un drôle, un mauvais gueux. un petit vaniteux ingrat, sans cœur, sans âme, un orgueilleux, un méchant homme!

Et il se détourna pour que sa fille ne vît pas une larme qu'il avait dans les yeux.

Trois jours après, il sortit d'un silence qui durait

depuis quatre heures pour dire à sa fille à brûle-pourpoint :

— J'avais eu l'honneur de prier mademoiselle Gillenormand de ne jamais m'en parler.

La tante Gillenormand renonça à toute tentative et porta ce diagnostic profond : — Mon père n'a jamais beaucoup aimé ma sœur depuis sa sottise. Il est clair qu'il déteste Marius.

« Depuis sa sottise » signifiait : depuis qu'elle avait épousé le colonel.

Du reste, comme on a pu le conjecturer, mademoiselle Gillenormand avait échoué dans sa tentative de substituer son favori, l'officier de lanciers, à Marius. Le remplaçant Théodule n'avait point réussi. M. Gillenormand n'avait pas accepté le quiproquo. Le vide du cœur ne s'accommode point d'un bouche-trou. Théodule, de son côté, tout en flairant l'héritage, répugnait à la corvée de plaire. Le bonhomme ennuyait le lancier, et le lancier choquait le bonhomme. Le lieutenant Théodule était gai sans doute, mais bavard; frivole, mais vulgaire; bon vivant, mais de mauvaise compagnie; il avait des maîtresses, c'est vrai, et il en parlait beaucoup, c'est vrai encore; mais il en parlait mal.

Toutes ses qualités avaient un défaut. M. Gillenormand était excédé de l'entendre conter les bonnes fortunes quelconques qu'il avait autour de sa caserne, rue de Babylone. Et puis le lieutenant Gillenormand venait quelquefois en uniforme avec la cocarde tricolore. Ceci le rendait tout bonnement impossible. Le père Gillenormand avait fini par dire à sa fille : — J'en ai assez, du Théodule. J'ai peu de goût pour les gens de guerre en temps de paix. Reçois-le si tu veux. Je ne sais pas si je n'aime pas mieux encore les sabreurs que les traîneurs de sabre. Le cliquetis des lames dans la bataille est moins misérable, après tout, que le tapage des fourreaux sur le pavé. Et puis, se cambrer comme un matamore et se sangler comme une femmelette, avoir un corset sous une cuirasse, c'est être ridicule deux fois. Quand on est un véritable homme, on se tient à égale distance de la fanfaronnade et de la mièvrerie. Ni fier-à-bras, ni joli cœur. Garde ton Théodule pour toi.

Sa fille eut beau lui dire : — C'est pourtant votre petit-neveu, — il se trouva que M. Gillenormand, qui était grand-père jusqu'au bout des ongles, n'était pas grand-oncle du tout.

Au fond, comme il avait de l'esprit et qu'il comparait, Théodule n'avait servi qu'à lui faire mieux regretter Marius.

Un soir, c'était le 4 juin, ce qui n'empêchait pas que le père Gillenormand n'eût un très-bon feu dans sa cheminée, il avait congédié sa fille qui cousait dans la pièce voisine. Il était seul dans sa chambre à bergerades, les pieds sur ses chenets, à demi enveloppé dans son vaste paravent de coromandel à neuf feuilles, accoudé à sa table où brûlaient deux bougies sous un abat-jour vert, englouti dans son fauteuil de tapisserie, un livre à la main, mais ne lisant pas. Il était vêtu, selon sa mode, en *incroyable*, et ressemblait à un antique portrait de Garat. Cela l'eût fait suivre dans les rues, mais sa fille le couvrait toujours, lorsqu'il sortait, d'une vaste douillette d'évêque, qui cachait ses vêtements. Chez lui, excepté pour se lever et se coucher, il ne portait jamais de robe de chambre. — *Cela donne l'air vieux,* disait-il.

Le père Gillenormand songeait à Marius amoureusement et amèrement; et, comme d'ordinaire, l'amertume dominait. Sa tendresse aigrie finissait toujours par bouillonner et par tourner en indignation. Il en était à ce point où l'on cherche à prendre son parti et à accepter ce qui déchire. Il était en train de s'expliquer qu'il n'y avait maintenant plus de raison pour que Marius revînt, que s'il avait dû revenir, il l'aurait déjà fait, qu'il fallait y renoncer. Il essayait de se faire à l'idée que c'était fini, et qu'il mourrait sans revoir « ce monsieur. » Mais toute sa nature se révoltait ; sa vieille paternité n'y pouvait consentir. — Quoi ! disait-il, c'était son refrain douloureux, il ne reviendra pas ! Sa tête chauve était tombée sur sa poitrine, et il fixait vaguement sur la cendre de son foyer un regard lamentable et irrité.

Au plus profond de cette rêverie, son vieux domestique, Basque, entra et demanda :

— Monsieur peut-il recevoir monsieur Marius?

Le vieillard se dressa sur son séant, blême et pareil à un cadavre qui se lève sous une secousse galvanique. Tout son sang avait reflué à son cœur. Il bégaya :

— Monsieur Marius quoi?

— Je ne sais pas, répondit Basque, intimidé et décontenancé par l'air du maître, je ne l'ai pas vu. C'est Nicolette qui vient de me dire : Il y a là un jeune homme, dites que c'est monsieur Marius.

Le père Gillenormand balbutia à voix basse :

— Faites entrer.

Et il resta dans la même attitude, la tête branlante, l'œil fixé sur la porte. Elle se rouvrit. Un jeune homme entra. C'était Marius.

Marius s'arrêta à la porte comme attendant qu'on lui dît d'entrer.

Son vêtement presque misérable ne s'apercevait pas dans l'obscurité que faisait l'abat-jour. On ne distinguait que son visage calme et grave, mais étrangement triste.

Le père Gillenormand, comme hébété de stupeur et de joie, resta quelques instants sans voir autre chose qu'une clarté comme lorsqu'on est devant une apparition. Il était prêt à défaillir ; il apercevait Marius à travers un éblouissement. C'était bien lui, c'était bien Marius !

Enfin ! après quatre ans ! Il le saisit, pour ainsi dire, tout entier d'un coup d'œil. Il le trouva beau, noble, distingué, grandi, homme fait, l'attitude convenable, l'air charmant. Il eut envie d'ouvrir les bras, de l'appeler, de se précipiter, ses entrailles se fondirent en ravissement, les paroles affectueuses le gonflaient et débordaient de sa poitrine; enfin toute cette tendresse se fit jour et lui arriva aux lèvres, et, par le contraste qui était le fond de sa nature, il en sortit une dureté. Il dit brusquement :

— Qu'est-ce que vous venez faire ici?

Marius répondit avec embarras :

— Monsieur...

M. Gillenormand eût voulu que Marius se jetât dans ses bras. Il fut mécontent de Marius et de lui-même. Il sentit qu'il était brusque et que Marius était froid. C'était pour le bonhomme une insupportable et irritante anxiété de se sentir si tendre et si éploré au dedans et de ne pouvoir être que dur au dehors. L'amertume lui revint. Il interrompit Marius avec un accent bourru :

— Alors pourquoi venez-vous?

Cet alors signifiait : *Si vous ne venez pas m'embrasser.* Marius regarda son aïeul à qui la pâleur faisait un visage de marbre.

— Monsieur...

Le vieillard reprit d'une voix sévère :

— Venez-vous me demander pardon? avez-vous reconnu vos torts?

Il croyait mettre Marius sur la voie et que « l'enfant » allait fléchir. Marius frissonna ; c'était le désaveu de son père qu'on lui demandait ; il baissa les yeux et répondit :

— Non, monsieur.

— Et alors, s'écria impétueusement le vieillard avec une douleur poignante et pleine de colère, qu'est-ce que vous me voulez ?

Marius joignit les mains, fit un pas et dit d'une voix faible et qui tremblait :

— Monsieur, ayez pitié de moi.

Ce mot remua M. Gillenormand ; dit plus tôt, il l'eût attendri, mais il venait trop tard. L'aïeul se leva ; il s'appuyait sur sa canne de ses deux mains, ses lèvres étaient blanches, son front vacillait, mais sa haute taille dominait Marius incliné.

— Pitié de vous, monsieur ! C'est l'adolescent qui demande de la pitié au vieillard de quatre-vingt-onze ans ! Vous entrez dans la vie, j'en sors ; vous allez au spectacle, au bal, au café, au billard, vous avez de l'esprit, vous plaisez aux femmes, vous êtes joli garçon, moi je crache en plein été sur mes tisons ; vous êtes riche des seules richesses qu'il y ait, moi j'ai toutes les pauvretés de la vieillesse ; l'infirmité, l'isolement ! Vous avez vos trente-deux dents, un bon estomac, l'œil vif, la force, l'appétit, la santé, la gaieté, une forêt de cheveux noirs. moi je n'ai même plus de cheveux blancs ; j'ai perdu mes dents, je perds mes jambes, je perds la mémoire, il y a trois noms de rues que je confonds sans cesse, la rue Charlot, la rue du Chaume et la rue Saint-Claude, j'en suis là ; vous avez devant vous tout l'avenir plein de soleil, moi je commence à n'y plus voir goutte, tant j'avance dans la nuit ; vous êtes amoureux, ça va sans dire, moi je ne suis aimé de personne au monde ; et vous me demandez de la pitié ! Parbleu, Molière a oublié ceci. Si c'est comme cela que vous plaisantez au palais, messieurs les avocats, je vous fais mon sincère compliment. Vous êtes drôles.

Et l'octogénaire reprit d'une voix courroucée et grave :

— Ah çà, qu'est-ce que vous me voulez ?

— Monsieur, dit Marius, je sais que ma présence vous déplaît, mais je viens seulement pour vous demander une chose, et puis je vais m'en aller tout de suite.

— Vous êtes un sot! dit le vieillard. Qui est-ce qui vous dit de vous en aller?

Ceci était la traduction de cette parole tendre qu'il avait au fond du cœur : *Mais demande-moi donc pardon! Jette-toi donc à mon cou!* M. Gillenormand sentait que Marius allait dans quelques instants le quitter, que son mauvais accueil le rebutait, que sa dureté le chassait; il se disait tout cela, et sa douleur s'en accroissait; et comme sa douleur se tournait immédiatement en colère, sa dureté en augmentait. Il eût voulu que Marius comprît, et Marius ne comprenait pas; ce qui rendait le bonhomme furieux. Il reprit :

— Comment! vous m'avez manqué, à moi, votre grand-père, vous avez quitté ma maison pour aller on ne sait où, vous avez désolé votre tante, vous avez été, cela se devine, c'est plus commode, mener la vie de garçon, faire le muscadin, rentrer à toutes les heures, vous amuser, vous ne m'avez pas donné signe de vie, vous avez fait des dettes sans même me dire de les payer, vous vous êtes fait casseur de vitres et tapageur, et, au bout de quatre ans, vous venez chez moi, et vous n'avez pas autre chose à me dire que cela!

Cette façon violente de pousser le petit-fils à la tendresse ne produisit que le silence de Marius. M. Gillenormand croisa les bras, geste qui, chez lui, était particulièrement impérieux, et apostropha Marius amèrement :

— Finissons. Vous venez me demander quelque chose, dites-vous? Eh bien quoi? qu'est-ce? parlez.

— Monsieur, dit Marius avec le regard d'un homme qui sent qu'il va tomber dans un précipice, je viens vous demander la permission de me marier.

M. Gillenormand sonna. Basque entr'ouvrit la porte.

— Faites venir ma fille.

Une seconde après, la porte se rouvrit, mademoiselle Gillenormand n'entra pas, mais se montra; Marius était debout, muet, les bras pendants, avec une figure de criminel; M. Gillenormand allait et venait en long et en large dans la chambre. Il se tourna vers sa fille et lui dit :

— Rien. C'est monsieur Marius. Dites-lui bonjour. Monsieur veut se marier. Voilà. Allez-vous-en.

Le son de voix bref et rauque du vieillard annonçait une étrange plénitude d'emportement. La tante regarda Marius d'un air effaré, parut à peine le reconnaître, ne laissa pas échapper un geste ni une syllabe et disparut au souffle de son père plus vite qu'un fétu devant l'ouragan.

Cependant le père Gillenormand était revenu s'adosser à la cheminée.

— Vous marier! à vingt et un ans! Vous avez arrangé cela! Vous n'avez plus qu'une permission à demander! une formalité. Asseyez-vous, monsieur. Eh bien, vous avez eu une révolution depuis que je n'ai eu l'honneur de vous voir. Les jacobins ont eu le dessus. Vous avez dû être content. N'êtes-vous pas républicain depuis que vous êtes baron? Vous accommodez cela. La république fait une sauce à la baronnie. Êtes-vous décoré de Juillet? avez-vous un peu pris le Louvre, monsieur? Il y a ici tout près, rue Saint-Antoine, vis-à-vis la rue des Nonaindières, un boulet incrusté dans le mur au troisième étage d'une maison avec cette inscription : 28 juillet 1830. Allez voir cela. Cela fait bon effet. Ah! ils font de jolies choses, vos amis! A propos, ne font-ils pas une fontaine à la place du monument de M. le duc de Berry? Ainsi vous voulez vous marier? à qui? peut-on sans indiscrétion demander à qui?

Il s'arrêta, et, avant que Marius eût eu le temps de répondre, il ajouta violemment ;

— Ah çà, vous avez un état? une fortune faite? combien gagnez-vous dans votre métier d'avocat?

— Rien, dit Marius avec une sorte de fermeté et de résolution presque farouche.

— Rien? vous n'avez pour vivre que les douze cents livres que je vous fais?

Marius ne répondit point. M. Gillenormand continua :

— Alors, je comprends, c'est que la fille est riche?

— Comme moi.

— Quoi! pas de dot?

— Non.

— Des espérances?

— Je ne crois pas.

— Toute nue! et qu'est-ce que c'est que le père?

— Je ne sais pas.

— Et comment s'appelle-t-elle?

— Mademoiselle Fauchelevent.

— Fauchequoi?

— Fauchelevent.

— Pttt! fit le vieillard.

— Monsieur! s'écria Marius.

M. Gillenormand l'interrompit du ton d'un homme qui se parle à lui-même.

— C'est cela, vingt et un ans, pas d'état, douze cents livres par an, madame la baronne Pontmercy ira acheter deux sous de persil chez la fruitière.

— Monsieur, reprit Marius dans l'égarement de la dernière espérance qui s'évanouit, je vous en supplie! je vous en conjure, au nom du ciel, à mains jointes, monsieur, je me mets à vos pieds, permettez-moi de l'épouser!

Le vieillard poussa un éclat de rire strident et lugubre à travers lequel il toussait et parlait.

— Ah! ah! ah! vous vous êtes dit : pardine! je vais aller trouver cette vieille perruque, cette absurde ganache! Quel dommage que je n'aie pas mes vingt-cinq ans! comme je te vous lui flanquerais une bonne sommation respectueuse! comme je me passerais de lui! C'est égal, je lui dirai :

Vieux crétin, tu es trop heureux de me voir, j'ai envie de me marier, j'ai envie d'épouser mamselle n'importe qui, fille de monsieur n'importe quoi, je n'ai pas de souliers, elle n'a pas de chemise, ça va, j'ai envie de jeter à l'eau ma carrière, mon avenir, ma jeunesse, ma vie, j'ai envie de faire un plongeon dans la misère avec une femme au cou, c'est mon idée, il faut que tu y consentes! et le vieux fossile consentira. Va, mon garçon, comme tu voudras, attache-toi ton pavé, épouse ta Pousselevent, ta Coupelevent... — Jamais, monsieur! jamais!

— Mon père!...

— Jamais!

A l'accent dont ce « jamais » fut prononcé, Marius perdit tout espoir. Il traversa la chambre à pas lents, la tête ployée, chancelant, plus semblable encore à quelqu'un qui se meurt qu'à quelqu'un qui s'en va. M. Gillenormand le suivait des yeux, et, au moment où la porte s'ouvrait et où Marius allait sortir, il fit quatre pas avec cette vivacité sénile des vieillards impétueux et gâtés, saisit Marius au collet, le ramena énergiquement dans la chambre, le jeta dans un fauteuil, et lui dit :

— Conte-moi ça!

C'était ce seul mot, *mon père*, échappé à Marius, qui avait fait cette révolution.

Marius le regarda égaré. Le visage mobile de M. Gillenormand n'exprimait plus rien qu'une rude et ineffable bonhomie. L'aïeul avait fait place au grand-père.

— Allons, voyons, parle, conte-moi tes amourettes, jabote, dis-moi tout! Sapristi! que les jeunes gens sont bêtes!

— Mon père, reprit Marius...

Toute la face du vieillard s'illumina d'un indicible rayonnement.

— Oui, c'est ça! appelle-moi ton père, et tu verras!

Il y avait maintenant quelque chose de si bon, de si doux, de si ouvert, de si paternel en cette brusquerie, que Marius, dans ce passage subit du découragement à l'espérance, en fut comme étourdi et enivré. Il était assis près de la table, la lumière des bougies faisait saillir le délabrement de son costume que le père Gillenormand considérait avec étonnement.

— Eh bien, mon père, dit Marius...

— Ah çà, interrompit M. Gillenormand, tu n'as donc vraiment pas le sou? Tu es mis comme un voleur.

Il fouilla dans un tiroir, et y prit une bourse qu'il posa sur la table :

— Tiens, voilà cent louis, achète-toi un chapeau.

— Mon père, poursuivit Marius, mon bon père, si vous saviez! je l'aime. Vous ne vous figurez pas, la première fois que je l'ai vue, c'était au Luxembourg, elle y venait; au commencement je n'y faisais pas grande attention, et puis je ne sais pas comment cela s'est fait, j'en suis devenu amoureux. Oh! comme cela m'a rendu malheureux! Enfin je la vois maintenant, tous les jours, chez elle, son père ne sait pas, imaginez qu'ils vont partir, c'est dans le jardin que nous nous voyons, le soir, son père veut l'emmener en Angleterre, alors je me suis dit : je vais aller voir mon grand-père et lui conter la chose. Je deviendrais fou d'abord, je mourrais, je ferais une maladie, je me jetterais à l'eau. Il faut absolument que je l'épouse puisque je deviendrais fou. Enfin voilà toute la vérité, je ne crois pas que j'aie oublié quelque chose. Elle demeure dans un jardin où il y a une grille, rue Plumet. C'est du côté des Invalides.

Le père Gillenormand s'était assis radieux près de Marius. Tout en l'écoutant et en savourant le son de sa voix, il savourait en même temps une longue prise de tabac. A ce mot, rue Plumet, il interrompit son aspiration et laissa tomber le reste de son tabac sur ses genoux.

— Rue Plumet! tu dis rue Plumet? — Voyons donc! — N'y a-t-il pas une caserne par là? — Mais oui, c'est ça. Ton cousin Théodule m'en a parlé. Le lancier, l'officier. — Une fillette, mon bon ami, une fillette! — Pardieu oui, rue Plumet. C'est ce qu'on appelait autrefois la rue Blomet. — Voilà que ça me revient. J'en ai entendu parler de cette petite de la grille de la rue Plumet. Dans un jardin, une Paméla. Tu n'as pas mauvais goût. On la dit proprette. Entre nous, je crois que ce dadais de lancier lui a un peu fait la cour. Je ne sais pas jusqu'où cela a été. Enfin ça ne fait rien. D'ailleurs il ne faut pas le croire. Il se vante. Marius! je trouve ça très-bien qu'un jeune homme comme toi soit amoureux. C'est de ton âge. Je t'aime mieux amoureux que jacobin. Je t'aime mieux épris d'un cotillon, sapristi! de vingt cotillons, que de monsieur de Robespierre. Pour ma part, je me rends cette justice qu'en fait de sans-culottes, je n'ai jamais aimé que les femmes. Les jolies filles sont les jolies filles, que diable! il n'y a pas d'objection à ça. Quant à la petite, elle te reçoit en cachette du papa. C'est dans l'ordre. J'ai eu des histoires comme ça moi aussi. Plus d'une. Sais-tu ce qu'on fait? on ne prend pas la chose avec férocité; on ne se précipite pas dans le tragique; on ne conclut pas au mariage et à monsieur le maire avec son écharpe. On est tout bêtement un garçon d'esprit. On a du bon sens. Glissez, mortels, n'épousez pas. On vient trouver le grand-père qui est bonhomme au fond, et qui a bien toujours quelques rouleaux de louis dans un vieux tiroir; on lui dit : Grand-père, voilà. Et le grand-père dit : C'est tout simple. Il faut que jeunesse se passe et que vieillesse se casse. J'ai été jeune, tu seras vieux. Va, mon garçon, tu rendras ça à ton petit-fils. Voilà deux cents pistoles. Amuse-toi, mordi! Rien de mieux! c'est ainsi que l'affaire doit se passer. On n'épouse point, mais ça n'empêche pas. Tu me comprends?

Marius, pétrifié et hors d'état d'articuler une parole, fit de la tête signe que non.

Le bonhomme éclata de rire, cligna sa vieille paupière, lui donna une tape sur le genou, le regarda entre deux yeux d'un air mystérieux et rayonnant, et lui dit avec le plus tendre des haussements d'épaules :

— Bêta ! fais-en ta maîtresse.

Marius pâlit. Il n'avait rien compris à tout ce que venait de dire son grand-père. Ce rabâchage de rue Blomet, de Paméla, de caserne, de lancier, avait passé devant Marius comme une fantasmagorie. Rien de tout cela ne pouvait se rapporter à Cosette, qui était un lys. Le bonhomme divaguait. Mais cette divagation avait abouti à un mot que Marius avait compris et qui était une mortelle injure à Cosette. Ce mot, *fais-en ta maîtresse,* entra dans le cœur du sévère jeune homme comme une épée.

Il se leva, ramassa son chapeau qui était à terre, et marcha vers la porte d'un pas assuré et ferme. Là il se retourna, s'inclina profondément devant son grand-père, redressa la tête, et dit :

— Il y a cinq ans, vous avez outragé mon père ;

aujourd'hui, vous outragez ma femme. Je ne vous demande plus rien, monsieur. Adieu.

Le père Gillenormand, stupéfait, ouvrit la bouche, étendit les bras, essaya de se lever, et avant qu'il eût pu prononcer un mot, la porte s'était refermée et Marius avait disparu.

Le vieillard resta quelques instants immobile et comme foudroyé, sans pouvoir parler ni respirer, comme si un poing fermé lui serrait le gosier. Enfin il s'arracha de son fauteuil, courut à la porte autant qu'on peut courir à quatre-vingt-onze ans, l'ouvrit, et cria :

— Au secours! au secours!

Sa fille parut, puis les domestiques. Il reprit avec un râle lamentable :

— Courez après lui! rattrapez-le! qu'est-ce que je lui ai fait? il est fou! il s'en va! Ah! mon Dieu! ah! mon Dieu! cette fois, il ne reviendra plus!

Il alla à la fenêtre qui donnait sur la rue, l'ouvrit de ses vieilles mains chevrotantes, se pencha plus d'à mi-corps pendant que Basque et Nicolette le retenaient par derrière, et cria :

— Marius! Marius! Marius! Marius!

Mais Marius ne pouvait déjà plus entendre, et

tournait en ce moment-là même l'angle de la rue Saint-Louis.

L'octogénaire porta deux ou trois fois ses deux mains à ses tempes avec une expression d'angoisse, recula en chancelant et s'affaissa sur un fauteuil, sans pouls, sans voix, sans larmes, branlant la tête et agitant les lèvres d'un air stupide, n'ayant plus rien dans les yeux et dans le cœur que quelque chose de morne et de profond qui ressemblait à la nuit.

LIVRE NEUVIÈME

OU VONT-ILS ?

I

JEAN VALJEAN

Ce même jour, vers quatre heures de l'après-midi, Jean Valjean était assis seul sur le revers de l'un des talus les plus solitaires du Champ de Mars. Soit prudence, soit désir de se recueillir, soit tout simplement par suite d'un de ces insensibles changements d'habitudes qui s'introduisent peu à peu dans toutes les existences, il sortait maintenant assez rarement avec Cosette. Il avait sa veste d'ouvrier, et un pantalon de toile grise ; et sa casquette à longue visière lui cachait le visage. Il était à présent calme et heureux du côté de Cosette ; ce qui l'avait quelque temps effrayé et troublé s'était dissipé ; mais depuis une semaine ou deux, des anxiétés d'une autre nature lui étaient venues. Un jour, en se promenant sur le boulevard, il avait aperçu Thénardier ; grâce à son déguisement, Thénardier ne l'avait point reconnu ; mais depuis lors Jean Valjean l'avait revu plusieurs fois, et il avait maintenant la certitude que Thénardier rôdait dans le quartier. Ceci avait suffi pour lui faire prendre un grand parti. Thénardier là ; c'étaient tous les périls à la fois. En outre Paris n'était pas tranquille ; les troubles politiques offraient cet inconvénient pour quiconque avait quelque chose à cacher dans sa vie que la police était devenue très-inquiète et très-ombrageuse, et qu'en cherchant à dépister un homme comme Pépin ou Morey, elle pouvait fort bien découvrir un homme comme Jean Valjean. Jean Valjean s'était décidé à quitter Paris, et même la France, et à passer en Angleterre. Il avait prévenu Cosette. Avant huit jours il voulait être parti. Il s'était assis sur le talus du Champ de Mars, roulant dans son esprit toutes sortes de pensées, Thénardier, la police, le voyage, et la difficulté de se procurer un passe-port.

A tous ces points de vue, il était soucieux.

Enfin, un fait inexplicable qui venait de le frapper, et dont il était encore tout chaud, avait ajouté à son éveil. Le matin de ce même jour, seul levé dans la maison, et se promenant dans le jardin avant que les volets de Cosette fussent ouverts, il avait aperçu tout à coup cette ligne gravée sur la muraille, probablement avec un clou :

16, rue de la Verrerie.

Cela était tout récent, les entailles étaient blanches dans le vieux mortier noir, une touffe d'ortie au pied du mur était poudrée de fin plâtre frais. Cela probablement avait été écrit là dans la nuit. Qu'était-ce? une adresse? un signal pour d'autres? un avertissement pour lui? Dans tous les cas, il était évident que le jardin était violé, et que des inconnus y pénétraient. Il se rappela les incidents bizarres qui avaient déjà alarmé la maison. Son esprit travailla sur ce canevas. Il se garda bien de parler à Cosette de la ligne écrite sur le mur, de peur de l'effrayer.

Au milieu de ces préoccupations, il s'aperçut, à une ombre que le soleil projetait, que quelqu'un venait de s'arrêter sur la crête du talus immédiatement derrière lui. Il allait se retourner, lorsqu'un papier plié en quatre tomba sur ses genoux, comme si une main l'eût lâché au-dessus de sa tête. Il prit le papier, le déplia et y lut ce mot écrit en grosses lettres au crayon :

Déménagez.

Jean Valjean se leva vivement, il n'y avait plus personne sur le talus; il chercha autour de lui et aperçut une espèce d'être plus grand qu'un enfant, plus petit qu'un homme, vêtu d'une blouse grise et d'un pantalon de velours de coton couleur poussière, qui enjambait le parapet et se laissait glisser dans le fossé du Champ de Mars.

Jean Valjean rentra chez lui sur-le-champ, tout pensif.

[1]

MARIUS

Marius était parti désolé de chez M. Gillenormand. Il y était entré avec une espérance bien petite; il en sortait avec un désespoir immense.

Du reste, et ceux qui ont observé les commencements du cœur humain le comprendront, le lancier, l'officier, le dadais, le cousin Théodule, n'avait laissé aucune ombre dans son esprit. Pas la moindre. Le poëte dramatique pourrait en apparence espérer quelques complications de cette révélation faite à brûle-pourpoint au petit-fils par le grand-père. Mais ce que le drame y gagnerait, la vérité le perdrait. Marius était dans l'âge où, en fait de mal, on ne croit rien ; plus tard vient l'âge où l'on croit tout. Les soupçons ne sont autre chose que des rides. La première jeunesse n'en a pas. Ce qui bouleverse Othello, glisse sur Candide. Soupçonner Cosette! Il y a une foule de crimes que Marius eût faits plus aisément.

Il se mit à marcher dans les rues, ressource de ceux qui souffrent. Il ne pensa à rien dont il pût se souvenir. A deux heures du matin il rentra chez Courfeyrac et se jeta tout habillé sur son matelas. Il faisait grand soleil lorsqu'il s'endormit de cet affreux sommeil pesant qui laisse aller et venir les idées dans le cerveau. Quand il se réveilla, il vit debout dans la chambre, le chapeau sur la tête, tout prêts à sortir et très-affairés, Courfeyrac, Enjolras, Feuilly et Combeferre.

Courfeyrac lui dit :

— Viens-tu à l'enterrement du général Lamarque?

Il lui sembla que Courfeyrac parlait chinois.

Il sortit quelque temps après eux. Il mit dans sa poche les pistolets que Javert lui avait confiés lors de l'aventure du 3 février et qui étaient restés entre ses mains. Ces pistolets étaient encore chargés. Il serait difficile de dire quelle pensée obscure il avait dans l'esprit en les emportant.

Toute la journée il rôda sans savoir où; il pleuvait par instants, il ne s'en apercevait point; il acheta pour son dîner une flûte d'un sou chez un boulanger, la mit dans sa poche et l'oublia. Il paraît qu'il prit un bain dans la Seine sans en avoir conscience. Il y a des moments où l'on a une fournaise sous le crâne. Marius était dans un de ces moments-là. Il n'espérait plus rien, il ne craignait plus rien; il avait fait ce pas depuis la veille. Il attendait le soir avec une impatience fiévreuse, il n'avait plus qu'une idée claire; — c'est qu'à neuf heures il verrait Cosette. Ce dernier bonheur était maintenant tout son avenir; après, l'ombre. Par intervalles, tout en marchant sur les boulevards les plus déserts, il lui semblait entendre dans Paris des bruits étranges. Il sortait la tête hors de sa rêverie et disait : Est-ce qu'on se bat?

A la nuit tombante, à neuf heures précises,

comme il l'avait promis à Cosette, il était rue Plumet. Quand il approcha de la grille, il oublia tout. Il y avait quarante-huit heures qu'il n'avait vu Cosette, il allait la revoir; toute autre pensée s'effaça et il n'eut plus qu'une joie inouïe et profonde. Ces minutes où l'on vit des siècles ont toujours cela de souverain et d'admirable qu'au moment où elles passent elles emplissent entièrement le cœur.

Marius dérangea la grille et se précipita dans le jardin. Cosette n'était pas à la place où elle l'attendait d'ordinaire. Il traversa le fourré et alla à l'enfoncement près du perron. — Elle m'attend là, dit-il. — Cosette n'y était pas. Il leva les yeux, et vit que les volets de la maison étaient fermés. Il fit le tour du jardin, le jardin était désert. Alors il revint à la maison, et, insensé d'amour, ivre, épouvanté, exaspéré de douleur et d'inquiétude, comme un maître qui rentre chez lui à une mauvaise heure, il frappa aux volets. Il frappa, il frappa encore, au risque de voir la fenêtre s'ouvrir et la face sombre du père apparaître et lui demander : Que voulez-vous? Ceci n'était plus rien auprès de ce qu'il entrevoyait. Quand il eut frappé, il éleva la voix et appela Cosette. — Cosette! cria-t-il. Cosette! répéta-t-il impérieusement. On ne répondit pas. C'était fini. Personne dans le jardin ; personne dans la maison.

Marius fixa ses yeux désespérés sur cette maison lugubre, aussi noire, aussi silencieuse et plus vide qu'une tombe. Il regarda le banc de pierre où il avait passé tant d'adorables heures près de Cosette. Alors il s'assit sur les marches du perron, le cœur plein de douceur et de résolution, il bénit son amour dans le fond de sa pensée, et il se dit que, puisque Cosette était partie, il n'avait plus qu'à mourir.

Tout à coup il entendit une voix qui paraissait venir de la rue et qui criait à travers les arbres :

— Monsieur Marius !

Il se dressa.

— Hein ? dit-il.

— Monsieur Marius, êtes-vous là ?

— Oui.

— Monsieur Marius, reprit la voix, vos amis vous attendent à la barricade de la rue de la Chanvrerie.

Cette voix ne lui était pas entièrement inconnue. Elle ressemblait à la voix enrouée et rude d'Éponine. Marius courut à la grille, écarta le barreau mobile, passa sa tête au travers et vit quelqu'un, qui lui parut être un jeune homme, s'enfoncer en courant dans le crépuscule.

III

M. MABEUF

La bourse de Jean Valjean fut inutile à M. Mabeuf. M. Mabeuf, dans sa vénérable austérité enfantine, n'avait point accepté le cadeau des astres; il n'avait point admis qu'une étoile pût se monnayer en louis d'or. Il n'avait pas deviné que ce qui tombait du ciel venait de Gavroche. Il avait porté la bourse au commissaire de police du quartier, comme objet perdu mis par le trouveur à la disposition des réclamants. La bourse fut perdue en effet. Il va sans dire que personne ne la réclama, et elle ne secourut point M. Mabeuf.

Du reste, M. Mabeuf avait continué de descendre.

Les expériences sur l'indigo n'avaient pas mieux réussi au Jardin des Plantes que dans son jardin d'Austerlitz. L'année d'auparavant, il devait les gages de sa gouvernante; maintenant, on l'a vu, il devait les termes de son loyer. Le mont-de-piété, au bout de treize mois écoulés, avait vendu les cuivres de sa *Flore*. Quelque chaudronnier en avait fait des casseroles. Ses cuivres disparus, ne pouvant plus compléter même les exemplaires dépareillés de sa *Flore* qu'il possédait encore, il avait cédé à vil prix à un libraire-brocanteur planches et texte, comme *défets*. Il ne lui était plus rien resté de l'œuvre de toute sa vie. Il se mit à manger l'argent de ces exemplaires. Quand il vit que cette chétive ressource s'épuisait, il renonça à son jardin et le laissa en friche. Auparavant, et longtemps auparavant, il avait renoncé aux deux œufs et au morceau de bœuf qu'il mangeait de temps en temps. Il dînait avec du pain et des pommes de terre. Il avait vendu ses derniers meubles, puis tout ce qu'il avait en double en fait de literie, de vêtements et de couvertures, puis ses herbiers et ses estampes; mais il avait encore ses livres les plus précieux, parmi lesquels plusieurs d'une haute rareté, entre autres *les Quadrins historiques de la Bible* édition de 1560, *la Concordance des Bibles* de Pierre de Besse, *les Marguerites de la Marguerite* de Jean de La Haye avec dédicace à la reine de Navarre, le livre *de la Charge et dignité de l'ambassadeur* par le sieur de Villiers Hotman, un *Florilegium rabbinicum* de 1644, un Tibulle de 1567 avec cette splendide inscription : *Venetiis, in œdibus Manutianis;* enfin un Diogène Laërce, imprimé à Lyon en 1644, et où se trouvaient les fameuses variantes du manuscrit 411, treizième siècle, du Vatican, et celles des deux manuscrits de Venise, 393 et 394, si fructueusement consultés par Henri Estienne, et tous les passages en dialecte dorique qui ne se trouvent que dans le célèbre manuscrit du douzième siècle de la bibliothèque de Naples. M. Mabeuf ne faisait jamais de feu dans sa chambre et se couchait avec le jour pour ne pas brûler de chandelle. Il semblait qu'il n'eût plus de voisins, on l'évitait quand il sortait; il s'en apercevait. La misère d'un enfant intéresse une mère, la misère d'un jeune homme intéresse une jeune fille, la misère d'un vieillard n'intéresse personne. C'est de toutes les détresses la plus froide. Cependant le père Mabeuf n'avait pas entièrement perdu sa sérénité d'enfant. Sa prunelle prenait quelque vivacité lorsqu'elle se fixait sur ses livres, et il souriait lorsqu'il considérait le Diogène Laërce, qui était un exemplaire unique. Son armoire vitrée était le seul meuble qu'il eût conservé en dehors de l'indispensable.

Un jour la mère Plutarque lui dit :

— Je n'ai pas de quoi acheter le dîner.

Ce qu'elle appelait le dîner, c'était un pain et quatre ou cinq pommes de terre.

— A crédit? fit M. Mabeuf.

— Vous savez bien qu'on me refuse.

M. Mabeuf ouvrit sa bibliothèque, regarda longtemps tous ses livres l'un après l'autre, comme un père, obligé de décimer ses enfants, les regarderait avant de choisir, puis en prit un vivement, le mit sous son bras, et sortit. Il rentra deux heures après n'ayant plus rien sous le bras, posa trente sous sur la table et dit :

— Vous ferez à dîner.

A partir de ce moment, la mère Plutarque vit s'abaisser sur le candide visage du vieillard un voile sombre qui ne se releva plus.

Le lendemain, le surlendemain, tous les jours, il fallut recommencer. M. Mabeuf sortait avec un livre et rentrait avec une pièce d'argent. Comme les libraires-brocanteurs le voyaient forcé de vendre, ils lui rachetaient vingt sous ce qu'il avait payé vingt francs, quelquefois aux mêmes libraires. Volume à volume, toute la bibliothèque y passait. Il disait par moments : J'ai pourtant quatre-vingts ans, comme s'il avait je ne sais quelle arrière-espérance d'arriver à la fin de ses jours avant d'arriver à la fin de ses livres. Sa tristesse croissait. Une fois pourtant il eut une joie. Il sortit avec un Robert Estienne qu'il vendit trente-cinq sous quai Malaquais et revint avec un Alde qu'il avait acheté quarante sous rue des Grès. — Je dois cinq sous, dit-il tout rayonnant à la mère Plutarque. Ce jour-là il ne dîna point.

Il était de la société d'Horticulture. On y savait son dénûment. Le président de cette société le vint voir, lui promit de parler de lui au ministre de l'agriculture et du commerce, et le fit. — Mais, comment donc! s'écria le ministre. Je crois bien! Un vieux savant! un botaniste! un homme inoffensif! Il faut faire quelque chose pour lui! Le lendemain M. Mabeuf reçut une invitation à dîner chez le ministre. Il montra en tremblant de joie la lettre à la mère Plutarque. — Nous sommes sauvés! dit-il. Au jour fixé, il alla chez le ministre. Il s'aperçut que sa cravate chiffonnée, son grand vieil habit carré et ses souliers cirés à l'œuf étonnaient les huissiers. Personne ne lui parla, pas même le ministre. Vers dix heures du soir, comme il attendait toujours une parole, il entendit la femme du ministre, belle dame décolletée dont il n'avait osé s'approcher, qui demandait : Quel est donc ce vieux monsieur? Il s'en retourna chez lui à pied, à minuit, par une pluie battante. Il avait vendu un Elzévir pour payer son fiacre en allant.

Tous les soirs avant de se coucher il avait pris .'habitude de lire quelques pages de son Diogène Laërce. Il savait assez de grec pour jouir des particularités du texte qu'il possédait. Il n'avait plus maintenant d'autre joie. Quelques semaines s'écoulèrent. Tout à coup la mère Plutarque tomba malade. Il est une chose plus triste que de n'avoir pas de quoi acheter du pain chez le boulanger, c'est de n'avoir pas de quoi acheter des drogues chez l'apothicaire. Un soir, le médecin avait ordonné une potion fort chère. Et puis, la maladie s'aggravait, il fallait une garde. M. Mabeuf ouvrit sa bibliothèque; il n'y avait plus rien. Le dernier volume était parti. Il ne lui restait que le Diogène Laërce.

Il mit l'exemplaire unique sous son bras et sortit, c'était le 4 juin 1832; il alla porte Saint-Jacques chez le successeur de Royol, et revint avec cent francs. Il posa la pile de pièces de cinq francs sur la table de nuit de la vieille servante et rentra dans sa chambre sans dire une parole.

Le lendemain, dès l'aube, il s'assit sur la borne renversée dans son jardin, et par-dessus la haie on put le voir toute la matinée immobile, le front baissé, l'œil vaguement fixé sur ses plates-bandes flétries. Il pleuvait par instants; le vieillard ne semblait pas s'en apercevoir. Dans l'après-midi, des bruits extraordinaires éclatèrent dans Paris. Cela ressemblait à des coups de fusil et aux clameurs d'une multitude.

Le père Mabeuf leva la tête. Il aperçut un jardinier qui passait, et demanda :

— Qu'est-ce que c'est?

Le jardinier répondit, sa bêche sur le dos et de l'accent le plus paisible :

— Ce sont des émeutes.

— Comment des émeutes?

— Oui. On se bat.

— Pourquoi se bat-on?

— Ah, dame! fit le jardinier.

— De quel côté? reprit M. Mabeuf.

— Du côté de l'Arsenal.

Le père Mabeuf rentra chez lui, prit son chapeau, chercha machinalement un livre pour le mettre sous son bras, n'en trouva point, dit : Ah! c'est vrai! et s'en alla d'un air égaré.

LIVRE DIXIÈME

LE 5 JUIN 1832

I

LA SURFACE DE LA QUESTION

De quoi se compose l'émeute? de rien et de tout. D'une électricité dégagée peu à peu, d'une flamme subitement jaillie, d'une force qui erre, d'un souffle qui passe. Ce souffle rencontre des têtes qui parlent, des cerveaux qui rêvent, des âmes qui souffrent, des passions qui brûlent, des misères qui hurlent, et les emporte.

Où?

Au hasard. A travers l'État, à travers les lois, à travers la prospérité et l'insolence des autres.

Les convictions irritées, les enthousiasmes aigris, les indignations émues, les instincts de guerre comprimés, les jeunes courages exaltés, les aveuglements généreux ; la curiosité, le goût du changement, la soif de l'inattendu, le sentiment qui fait qu'on se plaît à lire l'affiche d'un nouveau spectacle et qu'on aime au théâtre le coup de sifflet du machiniste ; les haines vagues, les rancunes, les désappointements, toute vanité qui croit que la destinée lui a fait faillite ; les malaises, les songes creux, les ambitions entourées d'escarpements, quiconque espère d'un écroulement une issue, enfin, au plus bas, la tourbe, cette boue qui prend feu, tels sont les éléments de l'émeute.

Ce qu'il y a de plus grand et ce qu'il y a de plus infime ; les êtres qui rôdent en dehors de tout, attendant une occasion, bohèmes, gens sans aveu, vagabonds de carrefours, ceux qui dorment la nuit dans un désert de maisons sans autre toit que les froides nuées du ciel, ceux qui demandent chaque jour leur pain au hasard et non au travail, les inconnus de la misère et du néant, les bras nus, les pieds nus, appartiennent à l'émeute.

Quiconque a dans l'âme une révolte secrète contre un fait quelconque de l'État, de la vie ou du sort, confine à l'émeute, et, dès qu'elle paraît, commence à frissonner et à se sentir soulevé par le tourbillon.

L'émeute est une sorte de trombe de l'atmosphère sociale qui se forme brusquement dans de certaines conditions de température, et qui, dans son tournoiement, monte, court, tonne, arrache, rase, écrase, démolit, déracine, entraînant avec elle les grandes natures et les chétives, l'homme fort et l'esprit faible, le tronc d'arbre et le brin de paille.

Malheur à celui qu'elle emporte comme à celui qu'elle vient heurter! Elle les brise l'un contre l'autre.

Elle communique à ceux qu'elle saisit on ne sait quelle puissance extraordinaire. Elle emplit le premier venu de la force des événements; elle fait de tout des projectiles. Elle fait d'un moellon un boulet et d'un portefaix un général.

Si l'on en croit de certains oracles de la politique sournoise, au point de vue du pouvoir, un peu d'émeute est souhaitable. Système : l'émeute raffermit les gouvernements qu'elle ne renverse pas. Elle éprouve l'armée ; elle concentre la bourgeoisie ; elle étire les muscles de la police ; elle constate la force de l'ossature sociale. C'est une gymnastique ; c'est presque de l'hygiène. Le pouvoir se porte mieux après une émeute comme l'homme après une friction.

L'émeute, il y a trente ans, était envisagée à d'autres points de vue encore.

Il y a pour toute chose une théorie qui se proclame elle-même « le bon sens » ; Philinte contre Alceste ; médiation offerte entre le vrai et le faux ; explication, admonition, atténuation un peu hautaine qui, parce qu'elle est mélangée de blâme et d'excuse, se croit la sagesse et n'est souvent que la pédanterie. Toute une école politique, appelée juste-milieu, est sortie de là. Entre l'eau froide et l'eau chaude, c'est le parti de l'eau tiède. Cette école, avec sa fausse profondeur, toute de surface, qui dissèque les effets sans remonter aux causes, gourmande, du haut d'une demi-science, les agitations de la place publique.

A entendre cette école : « Les émeutes qui compliquèrent le fait de 1830 ôtèrent à ce grand événement une partie de sa pureté. La révolution de Juillet avait été un beau coup de vent populaire, brusquement suivi du ciel bleu. Elles firent reparaître le ciel nébuleux. Elles firent dégénérer en querelle cette révolution d'abord si remarquable par l'unanimité. Dans la révolution de Juillet, comme dans tout progrès par saccades, il y avait eu des fractures secrètes; l'émeute les rendit sensibles. On put dire : Ah! ceci est cassé. Après la révolution de Juillet, on ne sentait que la délivrance; après les émeutes, on sentit la catastrophe.

« Toute émeute ferme les boutiques, déprime les fonds, consterne la bourse, suspend le commerce, entrave les affaires, précipite les faillites; plus d'argent, les fortunes privées inquiètes, le crédit public ébranlé, l'industrie déconcertée, les capitaux reculant, le travail au rabais, partout la peur; des contre-coups dans toutes les villes. De là des gouffres. On a calculé que le premier jour d'émeute coûte à la France vingt millions, le deuxième quarante, le troisième soixante. Une émeute de trois jours coûte cent vingt millions, c'est-à-dire, à ne voir que le résultat financier, équivaut à un désastre, naufrage ou bataille perdue, qui anéantirait une flotte de soixante vaisseaux de ligne.

« Sans doute, historiquement, les émeutes eurent leur beauté; la guerre des pavés n'est pas moins grandiose et pas moins pathétique que la guerre des buissons; dans l'une il y a l'âme des forêts, dans l'autre le cœur des villes; l'une a Jean Chouan, l'autre a Jeanne. Les émeutes éclairèrent en rouge, mais splendidement, toutes les saillies les plus originales du caractère parisien, la générosité, le dévouement, la gaieté orageuse, les étudiants prouvant que la bravoure fait partie de l'intelligence, la garde nationale inébranlable, des bivouacs de boutiquiers, des forteresses de gamins, le mépris de la mort chez des passants. Écoles et légions se heurtaient. Après tout, entre les combattants, il n'y avait qu'une différence d'âge; c'est la même race; ce sont les mêmes hommes stoïques qui meurent à vingt ans pour leurs idées, à quarante ans pour leurs familles. L'armée, toujours triste dans les guerres civiles, opposait la prudence à l'audace. Les émeutes, en même temps qu'elles manifestèrent l'intrépidité populaire, firent l'éducation du courage bourgeois.

« C'est bien. Mais tout cela vaut-il le sang versé? Et au sang versé ajoutez l'avenir assombri, le progrès compromis, l'inquiétude parmi les meilleurs, les libéraux honnêtes désespérant, l'absolutisme étranger heureux de ces blessures faites à la révolution par elle-même, les vaincus de 1830 triomphant et disant : Nous l'avions bien dit! Ajoutez Paris grandi peut-être, mais à coup sûr la France diminuée. Ajoutez, car il faut tout dire, les massacres qui déshonoraient trop souvent la victoire de l'ordre devenu féroce sur la liberté devenue folle. Somme toute, les émeutes ont été funestes. »

Ainsi parle cet à peu près de sagesse dont la bourgeoisie, cet à peu près de peuple, se contente si volontiers.

Quant à nous, nous rejetons ce mot trop large et par conséquent trop commode : les émeutes. Entre un mouvement populaire et un mouvement populaire, nous distinguons. Nous ne nous demandons pas si une émeute coûte autant qu'une bataille. D'abord pourquoi une bataille? Ici la question de la guerre surgit. La guerre est-elle moins fléau que l'émeute n'est calamité? Et puis, toutes les émeutes sont-elles calamités? Et quand le 14 juillet coûterait cent vingt millions? L'établissement de Philippe V en Espagne a coûté à la France deux milliards. Même à prix égal, nous préférerions le 14 juillet. D'ailleurs nous repoussons ces chiffres, qui semblent des raisons et qui ne sont que des mots. Une émeute étant donnée, nous l'examinons en elle-même. Dans tout ce que dit l'objection doctrinaire exposée plus haut, il n'est question que de l'effet, nous cherchons la cause.

Nous précisons.

II

LE FOND DE LA QUESTION

Il y a l'émeute, il y a l'insurrection; ce sont deux colères; l'une a tort, l'autre a droit. Dans les États démocratiques, les seuls fondés en justice, il arrive quelquefois que la fraction usurpe ; alors le tout se lève, et la nécessaire revendication de son droit peut aller jusqu'à la prise d'armes. Dans toutes les questions qui ressortissent à la souveraineté collective, la guerre du tout contre la fraction est insurrection;

l'attaque de la fraction contre le tout est émeute ; selon que les Tuileries contiennent le roi ou contiennent la Convention, elles sont justement ou injustement attaquées. Le même canon braqué contre la foule a tort le 10 août et raison le 14 vendémiaire. Apparence semblable, fond différent ; les suisses défendent le faux, Bonaparte défend le vrai. Ce que le suffrage universel a fait dans sa liberté et dans sa souveraineté, ne peut être défait par la rue. De même dans les choses de pure civilisation ; l'instinct des masses, hier clairvoyant, peut demain être trouble. La même furie est légitime contre Terray et absurde contre Turgot. Les bris de machines, les pillages d'entrepôts, les ruptures de rails, les démolitions de docks, les fausses routes des multitudes, les dénis de justice du peuple au progrès, Ramus assassiné par les écoliers, Rousseau chassé de Suisse à coups de pierres, c'est l'émeute. Israël contre Moïse, Athènes contre Phocion, Rome contre Scipion, c'est l'émeute ; Paris contre la Bastille, c'est l'insurrection. Les soldats contre Alexandre, les matelots contre Christophe Colomb, c'est la même révolte ; révolte impie ; pourquoi ? C'est qu'Alexandre fait pour l'Asie avec l'épée ce que Christophe Colomb fait pour l'Amérique avec la boussole ; Alexandre, comme Colomb, trouve un monde. Ces dons d'un monde à la civilisation sont de tels accroissements de lumière que toute résistance, là, est coupable. Quelquefois le peuple se fausse fidélité à lui-même. La foule est traître au peuple. Est-il, par exemple, rien de plus étrange que cette longue et sanglante protestation des faux-sauniers, légitime révolte chronique, qui, au moment décisif, au jour du salut, à l'heure de la victoire populaire, épouse le trône, tourne chouannerie, et d'insurrection contre se fait émeute pour ! Sombres chefs-d'œuvre de l'ignorance ! Le faux-saunier échappe aux potences royales, et, un reste de corde au cou, arbore la cocarde blanche. Mort aux gabelles accouche de Vive le roi. Tueurs de la Saint-Barthélemy, égorgeurs de Septembre, massacreurs d'Avignon, assassins de Coligny, assassins de madame de Lamballe, assassins de Brune, Miquelets, Verdets, Cadenettes, compagnons de Jéhu, chevaliers du Brassard, voilà l'émeute. La Vendée est une grande émeute catholique. Le bruit du droit en mouvement se reconnaît, il ne sort pas toujours du tremblement des masses bouleversées ;

il y a des rages folles, il y a des cloches fêlées ; tous les tocsins ne sonnent pas le son du bronze. Le branle des passions et des ignorances est autre que la secousse du progrès. Levez-vous, soit, mais pour grandir. Montrez-moi de quel côté vous allez. Il n'y a d'insurrection qu'en avant. Toute autre levée est mauvaise ; tout pas violent en arrière est émeute ; reculer est une voie de fait contre le genre humain. L'insurrection est l'accès de fureur de la vérité ; les pavés que l'insurrection remue jettent l'étincelle du droit. Ces pavés ne laissent à l'émeute que leur boue. Danton contre Louis XVI, c'est l'insurrection, Hébert contre Danton, c'est l'émeute.

De là vient que, si l'insurrection, dans des cas donnés, peut être, comme a dit Lafayette, le plus saint des devoirs, l'émeute peut être le plus fatal des attentats.

Il y a aussi quelque différence dans l'intensité de calorique ; l'insurrection est souvent volcan, l'émeute est souvent feu de paille.

La révolte, nous l'avons dit, est quelquefois dans le pouvoir. Polignac est un émeutier ; Camille Desmoulins est un gouvernant.

Parfois, insurrection, c'est résurrection.

La solution de tout par le suffrage universel étant un fait absolument moderne, et toute l'histoire antérieure à ce fait étant, depuis quatre mille ans, remplie du droit violé et de la souffrance des peuples, chaque époque de l'histoire apporte avec elle la protestation qui lui est possible. Sous les césars, il n'y avait pas d'insurrection, mais il y avait Juvénal.

Le *facit indignatio* remplace les Gracques.

Sous les césars il y a l'exilé de Syène ; il y a aussi l'homme des *Annales*.

Nous ne parlons pas de l'immense exilé de Patmos qui, lui aussi, accable le monde réel d'une protestation au nom du monde idéal, fait de la vision une satire énorme, et jette sur Rome-Ninive, sur Rome-Babylone, sur Rome-Sodome, la flamboyante réverbération de l'Apocalypse.

Jean sur son rocher c'est le sphinx sur son piédestal ; on peut ne pas le comprendre ; c'est un juif, et c'est de l'hébreu ; mais l'homme qui écrit les *Annales* est un latin ; disons mieux, c'est un romain.

Comme les nérons règnent à la manière noire, ils doivent être peints de même. Le travail au burin tout seul serait pâle ; il faut verser dans l'entaille une prose concentrée qui morde.

Les despotes sont pour quelque chose dans les penseurs. Parole enchaînée, c'est parole terrible. L'écrivain double et triple son style quand le silence est imposé par un maître au peuple. Il sort de ce silence une certaine plénitude mystérieuse qui filtre et se fige en airain dans la pensée. La compression dans l'histoire produit la concision dans l'historien. La solidité granitique de telle prose célèbre n'est autre chose qu'un tassement fait par le tyran.

La tyrannie contraint l'écrivain à des rétrécissements de diamètre qui sont des accroissements de force. La période cicéronienne, à peine suffisante sur Verrès, s'émousserait sur Caligula. Moins d'envergure dans la phrase, plus d'intensité dans le coup. Tacite pense à bras raccourci.

L'honnêteté d'un grand cœur, condensée en justice et en vérité, foudroie.

Soit dit en passant, il est à remarquer que Tacite n'est pas historiquement superposé à César. Les Tibères lui sont réservés. César et Tacite sont deux phénomènes successifs dont la rencontre semble mystérieusement évitée par celui qui, dans la mise en scène des siècles, règle les entrées et les sorties. César est grand, Tacite est grand; Dieu épargne ces deux grandeurs en ne les heurtant pas l'une contre l'autre. Le justicier, frappant César, pouvait frapper trop, et être injuste. Dieu ne veut pas. Les grandes guerres d'Afrique et d'Espagne, les pirates de Cilicie détruits, la civilisation introduite en Gaule, en Bretagne, en Germanie, toute cette gloire couvre le Rubicon. Il y a là une sorte de délicatesse de la justice divine, hésitant à lâcher sur l'usurpateur illustre l'historien formidable, faisant à César grâce de Tacite, et accordant les circonstances atténuantes au génie.

Certes, le despotisme reste le despotisme, même sous le despote de génie. Il y a corruption sous les tyrans illustres, mais la peste morale est plus hideuse encore sous les tyrans infâmes. Dans ces règnes-là rien ne voile la honte; et les faiseurs d'exemples, Tacite comme Juvénal, soufflettent plus utilement, en présence du genre humain, cette ignominie sans réplique.

Rome sent plus mauvais sous Vitellius que sous Sylla. Sous Claude et sous Domitien, il y a une difformité de bassesse correspondante à la laideur du tyran. La vilenie des esclaves est un produit direct du despote; un miasme s'exhale de ces consciences croupies où se reflète le maître; les pouvoirs publics sont immondes; les cœurs sont petits, les consciences sont plates, les âmes sont punaises; cela est ainsi sous Caracalla, cela est ainsi sous Commode, cela est ainsi sous Héliogabale, tandis qu'il ne sort du sénat romain sous César que l'odeur de fiente propre aux aires d'aigle.

De là la venue, en apparence tardive, des Tacite et des Juvénal; c'est à l'heure de l'évidence que le démonstrateur paraît.

Mais Juvénal et Tacite, de même qu'Isaïe aux temps bibliques, de même que Dante au moyen âge, c'est l'homme; l'émeute et l'insurrection, c'est la multitude, qui tantôt a tort, tantôt a raison.

Dans les cas les plus généraux, l'émeute sort d'un fait matériel; l'insurrection est toujours un phénomène moral. L'émeute, c'est Masaniello; l'insurrection, c'est Spartacus. L'insurrection confine à l'esprit, l'émeute à l'estomac; Gaster s'irrite; mais Gaster, certes, n'a pas toujours tort. Dans les questions de famine, l'émeute, Buzançais, par exemple, a un point de départ vrai, pathétique et juste. Pourtant elle reste émeute. Pourquoi? c'est qu'ayant raison au fond, elle a eu tort dans la forme. Farouche, quoique ayant droit, violente, quoique forte, elle a frappé au hasard; elle a marché comme l'éléphant aveugle, en écrasant; elle a laissé derrière elle des cadavres de vieillards, de femmes et d'enfants; elle a versé, sans savoir pourquoi, le sang des inoffensifs et des innocents. Nourrir le peuple est un bon but; le massacrer est un mauvais moyen.

Toutes les protestations armées, même les plus légitimes, même le 10 août, même le 14 juillet, débutent par le même trouble. Avant que le droit se dégage, il y a tumulte et écume. Au commencement l'insurrection est émeute, de même que le fleuve est torrent. Ordinairement elle aboutit à cet océan : Révolution. Quelquefois pourtant, venue de ces hautes montagnes qui dominent l'horizon moral, la justice, la sagesse, la raison, le droit, faite de la plus pure neige de l'idéal, après une longue chute de roche en roche, après avoir reflété le ciel dans sa transparence et s'être grossie de cent affluents dans la majestueuse allure du triomphe, l'insurrection se perd tout à coup dans quelque fondrière bourgeoise, comme le Rhin dans un marais.

Tout ceci est du passé, l'avenir est autre. Le suffrage universel a cela d'admirable qu'il dissout l'émeute dans son principe, et qu'en donnant le vote à l'insurrection, il lui ôte l'arme. L'évanouissement des guerres, de la guerre des rues comme de la guerre des frontières, tel est l'inévitable progrès. Quel que soit Aujourd'hui, la paix, c'est Demain.

Du reste, insurrection, émeute, en quoi la première diffère de la seconde, le bourgeois, proprement dit, connaît peu ces nuances. Pour lui tout est sédition, rébellion pure et simple, révolte du dogue contre le maître, essai de morsure qu'il faut punir de la chaîne et de la niche, aboiement, jappement, jusqu'au jour où la tête du chien, grossie tout à coup, s'ébauche vaguement dans l'ombre en face de lion.

Alors le bourgeois crie : Vive le peuple !

Cette explication donnée, qu'est-ce pour l'histoire que le mouvement de juin 1832 ? est-ce une émeute ? est-ce une insurrection ?

C'est une insurrection.

Il pourra nous arriver, dans cette mise en scène d'un événement redoutable, de dire parfois l'émeute, mais seulement pour qualifier les faits de surface, et en maintenant toujours la distinction entre la forme émeute et le fond insurrection.

Ce mouvement de 1832 a eu, dans son explosion rapide et dans son extinction lugubre, tant de grandeur que ceux-là mêmes qui n'y voient qu'une émeute n'en parlent pas sans respect. Pour eux, c'est comme un reste de 1830. Les imaginations émues, disent-ils, ne se calment pas en un jour. Une révolution ne se coupe pas à pic. Elle a toujours nécessairement quelques ondulations avant de revenir à l'état de paix comme une montagne en redescendant vers la plaine. Il n'y a point d'Alpes sans Jura, ni de Pyrénées sans Asturies.

Cette crise pathétique de l'histoire contemporaine que la mémoire des Parisiens appelle *l'époque des émeutes*, est à coup sûr une heure caractéristique parmi les heures orageuses de ce siècle. Un dernier mot avant d'entrer dans le récit.

Les faits qui vont être racontés appartiennent à cette réalité dramatique et vivante que l'historien néglige quelquefois, faute de temps et d'espace. Là pourtant, nous y insistons, là est la vie, la palpitation, le frémissement humain. Les petits détails, nous croyons l'avoir dit, sont, pour ainsi parler, le feuillage des grands événements et se perdent dans le lointain de l'histoire. L'époque dite *des émeutes* abonde en détails de ce genre. Les instructions judiciaires, par d'autres raisons que l'histoire, n'ont pas tout révélé, ni peut-être tout approfondi. Nous allons donc mettre en lumière, parmi les particularités connues et publiées, des choses qu'on n'a point sues, des faits sur lesquels a passé l'oubli des uns, la mort des autres. La plupart des acteurs de ces scènes gigantesques ont disparu; dès le lendemain ils se taisaient; mais ce que nous raconterons, nous pourrons dire : nous l'avons vu. Nous changerons quelques noms, car l'histoire raconte et ne dénonce pas, mais nous peindrons des choses vraies. Dans les conditions du livre que nous écrivons, nous ne montrerons qu'un côté et qu'un épisode, et à coup sûr le moins connu, des journées des 5 et 6 juin 1832; mais nous ferons en sorte que le lecteur entrevoie, sous le sombre voile que nous allons soulever, la figure réelle de cette effrayante aventure publique.

III

UN ENTERREMENT : OCCASION DE RENAITRE

Au printemps de 1832, quoique depuis trois mois le choléra eût glacé les esprits et jeté sur leur agitation je ne sais quel morne apaisement, Paris était dès longtemps prêt pour une commotion. Ainsi que nous l'avons dit, la grande ville ressemble à une pièce de canon; quand elle est chargée, il suffit d'une étincelle qui tombe, le coup part. En juin 1832, l'étincelle fut la mort du général Lamarque.

Lamarque était un homme de renommée et d'action. Il avait eu successivement, sous l'empire et sous la restauration, les deux bravoures nécessaires aux deux époques, la bravoure des champs de bataille et la bravoure de la tribune. Il était éloquent comme il avait été vaillant; on sentait une épée dans sa parole. Comme Foy, son devancier, après avoir tenu haut le commandement, il tenait haut la liberté. Il siégeait entre la gauche et l'extrême gauche, aimé du peuple parce qu'il acceptait les chances de l'avenir, aimé de la foule parce qu'il avait bien servi l'empereur. Il était, avec les comtes Gérard et Drouet, un des maréchaux *in petto* de Napoléon. Les traités de 1815 le soulevaient comme une offense personnelle. Il haïssait Wellington d'une haine directe qui plaisait à la multitude; et depuis dix-sept ans, à peine attentif aux événements intermédiaires, il avait majestueusement gardé la tristesse de Waterloo. Dans son agonie, à sa dernière heure, il avait serré contre sa poitrine une épée que lui avaient décernée les officiers des Cent-jours. Napoléon était mort en prononçant le mot *armée*, Lamarque en prononçant le mot *patrie*.

Sa mort, prévue, était redoutée du peuple comme une perte et du gouvernement comme une occasion. Cette mort fut un deuil. Comme tout ce qui est amer, le deuil peut se tourner en révolte. C'est ce qui arriva.

La veille et le matin du 5 juin, jour fixé pour l'enterrement de Lamarque, le faubourg Saint-Antoine, que le convoi devait venir toucher, prit un aspect redoutable. Ce tumultueux réseau de rues s'emplit de rumeurs. On s'y armait comme on pouvait. Des menuisiers emportaient le valet de leur établi « pour enfoncer les portes. » Un d'eux s'était fait un poignard d'un crochet de chaussonnier en cassant le crochet et en aiguisant le tronçon. Un autre, dans la fièvre « d'attaquer, » couchait depuis trois jours tout habillé. Un charpentier nommé Lombier rencontrait un camarade qui lui demandait : Où vas-tu ? — Eh bien ! je n'ai pas d'armes. — Et puis ? — Je vais à mon chantier chercher mon compas. — Pourquoi faire ? — Je ne sais pas, disait Lombier. Un nommé Jacqueline, homme d'expédition, abordait les ouvriers quelconques qui passaient : — Viens, toi ! — Il payait dix sous de vin, et disait : — As-tu de l'ouvrage? — Non. — Va chez Filspierre, entre la barrière Montreuil et la barrière Charonne, tu trouveras de l'ouvrage. — On trouvait chez Filspierre des cartouches et des armes. Certains chefs connus *faisaient la poste*, c'est-à-dire couraient chez l'un et l'autre pour rassembler leur monde. Chez Barthélemy, près la barrière du Trône, chez Capel, au Petit-Chapeau, les buveurs s'accostaient d'un air grave. On les entendait se dire : — *Où as-tu ton pistolet? — Sous ma blouse. Et toi? — Sous ma chemise.* Rue Traversière devant l'atelier Roland, et cour de la Maison-Brûlée devant l'atelier de l'outilleur Bernier, des groupes chuchotaient. On y remarquait, comme le plus ardent, un certain Mavot, qui ne faisait jamais plus d'une semaine dans un atelier, les maîtres le renvoyant « parce qu'il fallait tous les jours se disputer avec lui. » Mavot fut tué le lendemain dans la barricade de la rue Ménilmontant. Pretot, qui devait mourir aussi dans la lutte, secondait Mavot, et à cette question : quel est ton but? répondait : — *L'insurrection.* Des ouvriers rassemblés au coin de la rue de Bercy attendaient un nommé Lemarin, agent révolutionnaire pour le faubourg Saint-Marceau. Des mots d'ordre s'échangeaient presque publiquement.

Le 5 juin donc, par une journée mêlée de pluie et de soleil, le convoi du général Lamarque traversa Paris avec la pompe militaire officielle, un peu accrue par les précautions. Deux bataillons, tambours drapés, fusils renversés, dix mille gardes nationaux, le sabre au côté, les batteries de l'artillerie de la garde nationale, escortaient le cercueil. Le corbillard était traîné par des jeunes gens. Les officiers des Invalides le suivaient immédiatement, portant des branches de laurier. Puis venait une multitude innombrable, agitée, étrange, les sectionnaires des Amis du Peuple, l'école de droit, l'école de médecine, les réfugiés de toutes les nations, drapeaux espagnols, italiens, allemands, polonais, drapeaux tricolores horizontaux, toutes les bannières possibles, des enfants agitant des branches vertes, des tailleurs de pierre et des charpentiers qui faisaient grève en ce moment-là même, des imprimeurs reconnaissables à leurs bonnets de papier, marchant deux par deux, trois par trois, poussant des cris, agitant presque tous des bâtons, quelques-uns des sabres, sans ordre et pourtant avec une seule âme, tantôt une cohue, tantôt une colonne. Des pelotons se choisissaient des chefs ; un homme, armé d'une paire de pistolets parfaitement visible, semblait en passer d'autres en revue dont les files s'écartaient devant lui. Sur les contre-allées des boulevards, dans les branches des arbres, aux balcons, aux fenêtres, sur les toits, les têtes fourmillaient, hommes, femmes, enfants ; les yeux étaient pleins d'anxiété. Une foule armée passait, une foule effarée regardait.

De son côté le gouvernement observait. Il observait, la main sur la poignée de l'épée. On pouvait voir, tout prêts à marcher, gibernes pleines, fusils et mousquetons chargés, place Louis XV, quatre escadrons de carabiniers, en selle et clairons en tête, dans le pays latin et au Jardin des Plantes, la garde municipale, échelonnée de rue en rue, à la Halle-aux-Vins un escadron de dragons, à la Grève une moitié du 12° léger, l'autre moitié à la Bastille, le 6° dragons aux Célestins, de l'artillerie plein la cour du Louvre. Le reste des troupes était consigné dans les casernes, sans compter les régiments des environs de Paris. Le pouvoir inquiet tenait suspendus sur la multitude menaçante vingt-quatre mille soldats dans la ville et trente mille dans la banlieue.

Divers bruits circulaient dans le cortége. On parlait de menées légitimistes ; on parlait du duc de Reichstadt, que Dieu marquait pour la mort à cette minute même où la foule le désignait pour l'empire. Un personnage resté inconnu annonçait qu'à l'heure dite deux contre-maîtres gagnés ouvriraient au peuple les portes d'une fabrique d'armes. Ce qui dominait sur les fronts découverts de la plupart des assistants, c'était un enthousiasme mêlé d'accablement. On voyait aussi çà et là dans cette multitude en proie à tant d'émotions violentes, mais nobles, de vrais visages de malfaiteurs et des bouches ignobles qui disaient : pillons ! Il y a de certaines agitations qui remuent le fond des marais et qui font monter dans l'eau des nuages de boue. Phénomène auquel ne sont point étrangères les polices « bien faites. »

Le cortége chemina, avec une lenteur fébrile, de la maison mortuaire par les boulevards jusqu'à la Bastille. Il pleuvait de temps en temps ; la pluie ne faisait rien à cette foule. Plusieurs incidents, le cercueil promené autour de la colonne Vendôme, des pierres jetées au duc de Fitz-James aperçu à un balcon le chapeau sur la tête, le coq gaulois arraché d'un drapeau populaire et traîné dans la boue, un sergent de ville blessé d'un coup d'épée à la porte Saint-Martin, un officier du 12e léger disant tout haut : Je suis républicain, l'école polytechnique survenant après sa consigne forcée, les cris : Vive l'école polytechnique ! Vive la république ! marquèrent le trajet du convoi. A la Bastille, les longues files de curieux redoutables qui descendaient du faubourg Saint-Antoine firent leur jonction avec le cortége et un certain bouillonnement terrible commença à soulever la foule.

On entendit un homme qui disait à un autre : — Tu vois bien celui-là avec sa barbiche rouge, c'est lui qui dira quand il faudra tirer. Il paraît que cette même barbiche rouge s'est retrouvée plus tard avec la même fonction dans une autre émeute ; l'affaire Quénisset.

Le corbillard dépassa la Bastille, suivit le canal, traversa le petit pont et atteignit l'esplanade du pont d'Austerlitz. Là il s'arrêta. En ce moment cette foule vue à vol d'oiseau eût offert l'aspect d'une comète dont la tête était à l'esplanade et dont la queue développée sur le quai Bourdon couvrait la Bastille et se prolongeait sur le boulevard jusqu'à la porte Saint-Martin. Un cercle se traça autour du corbillard. La vaste cohue fit silence. Lafayette parla et dit adieu à Lamarque. Ce fut un instant touchant et auguste, toutes les têtes se découvrirent, tous les cœurs battaient. Tout à coup un homme à cheval, vêtu de noir, parut au milieu du groupe avec un drapeau rouge, d'autres disent avec une pique surmontée d'un bonnet rouge. Lafayette détourna la tête. Exelmans quitta le cortége.

Ce drapeau rouge souleva un orage et y disparut. Du boulevard Bourdon au pont d'Austerlitz une de ces clameurs qui ressemblent à des houles remua la multitude. Deux cris prodigieux s'élevèrent : — *Lamarque au Panthéon!* — *Lafayette à l'hôtel de ville!* — Des jeunes gens, aux acclamations de la foule, s'attelèrent et se mirent à traîner Lamarque dans le corbillard par le pont d'Austerlitz et Lafayette dans un fiacre par le quai Morland.

Dans la foule qui entourait et acclamait Lafayette, on remarquait et l'on se montrait un allemand nommé Ludwig Snyder, mort centenaire depuis, qui avait fait lui aussi la guerre de 1776, et qui avait combattu à Trenton sous Washington, et sous Lafayette à Brandywine.

Cependant sur la rive gauche la cavalerie municipale s'ébranlait et venait barrer le pont, sur la rive droite les dragons sortaient des Célestins et se déployaient le long du quai Morland. Le peuple qui traînait Lafayette les aperçut brusquement au coude du quai et cria : les dragons ! Les dragons s'avançaient au pas, en silence, pistolets dans les fontes, sabres aux fourreaux, mousquetons aux porte-crosse, avec un air d'attente sombre.

A deux cents pas du petit pont, ils firent halte. Le fiacre où était Lafayette chemina jusqu'à eux, ils ouvrirent les rangs, le laissèrent passer, et se refermèrent sur lui. En ce moment les dragons et la foule se touchaient. Les femmes s'enfuyaient avec terreur.

Que se passa-t-il dans cette minute fatale? personne ne saurait le dire. C'est le moment ténébreux où deux nuées se mêlent. Les uns racontent qu'une fanfare sonnant la charge fut entendue du côté de l'Arsenal, les autres qu'un coup de poignard fut donné par un enfant à un dragon. Le fait est que trois coups de feu partirent subitement, le premier tua le chef d'escadron Cholet, le second tua une vieille sourde qui fermait sa fenêtre rue Contrescarpe, le troisième brûla l'épaulette d'un officier; une femme cria : On commence trop tôt! et tout à coup on vit du côté opposé au quai Morland un escadron de dragons qui était resté dans la caserne déboucher au galop, le sabre nu, par la rue Bassompierre et le boulevard Bourdon, et balayer tout devant lui.

Alors tout est dit, la tempête se déchaîne, les pierres pleuvent, la fusillade éclate, beaucoup se précipitent au bas de la berge et passent le petit bras de la Seine aujourd'hui comblé, les chantiers de l'île Louviers, cette vaste citadelle toute faite, se hérissent de combattants, on arrache des pieux, on tire des coups de pistolet, une barricade s'ébauche, les jeunes gens refoulés passent le pont d'Austerlitz avec le corbillard au pas de course et chargent la garde municipale, les carabiniers accourent, les dragons sabrent, la foule se disperse dans tous les sens, une rumeur de guerre vole aux quatre coins de Paris, on crie : Aux armes! on court, on culbute, on fuit, on résiste. La colère emporte l'émeute comme le vent emporte le feu.

IV

LES BOUILLONNEMENTS D'AUTREFOIS

Rien n'est plus extraordinaire que le premier fourmillement d'une émeute. Tout éclate partout à la fois. Était-ce prévu? oui. Était-ce préparé? non. D'où cela sort-il? des pavés. D'où cela tombe-t-il? des nues. Ici l'insurrection a le caractère d'un complot; là d'une improvisation. Le premier venu s'empare d'un courant de la foule et le mène où il veut. Début plein d'épouvante où se mêle une sorte de gaieté formidable. Ce sont d'abord des clameurs, les magasins se ferment, les étalages des marchands disparaissent ; puis des coups de feu isolés ; des gens s'enfuient ; des coups de crosse heurtent les portes cochères ; on entend les servantes rire dans les cours des maisons et dire : *Il va y avoir du train!*

Un quart d'heure n'était pas écoulé, voici ce qui se passait presque en même temps sur vingt points de Paris différents.

Rue Sainte-Croix-de-la-Bretonnerie, une vingtaine de jeunes gens, à barbes et à cheveux longs, entraient dans un estaminet et en ressortaient un moment après, portant un drapeau tricolore horizontal couvert d'un crêpe et ayant à leur tête trois hommes armés, l'un d'un sabre, l'autre d'un fusil, le troisième d'une pique.

Rue des Nonaindières, un bourgeois bien vêtu, qui avait du ventre, la voix sonore, le crâne chauve, le front élevé, la barbe noire et une de ces moustaches rudes qui ne peuvent se rabattre, offrait publiquement des cartouches aux passants.

Rue Saint-Pierre-Montmartre, des hommes aux bras nus promenaient un drapeau noir où on lisait ces mots en lettres blanches : *République ou la mort*. Rue des Jeûneurs, rue du Cadran, rue Montorgueil, rue Mandar, apparaissaient des groupes agitant des drapeaux sur lesquels on distinguait des lettres d'or, le mot *section* avec un numéro. Un de ces drapeaux était rouge et bleu avec un imperceptible entre-deux blanc.

On pillait une fabrique d'armes, boulevard Saint-Martin, et trois boutiques d'armuriers, la première rue Beaubourg, la deuxième rue Michel-le-Comte, l'autre, rue du Temple. En quelques minutes les mille mains de la foule saisissaient et emportaient deux cent trente fusils, presque tous à deux coups, soixante-quatre sabres, quatre-vingt-trois pistolets. Afin d'armer plus de monde, l'un prenait le fusil, l'autre la baïonnette.

Vis-à-vis le quai de la Grève, des jeunes gens armés de mousquets s'installaient chez des femmes pour tirer. L'un d'eux avait un mousquet à rouet. Ils sonnaient, entraient, et se mettaient à faire des cartouches. Une de ces femmes a raconté : *Je ne savais pas ce que c'était que des cartouches, c'est mon mari qui me l'a dit.*

Un rassemblement enfonçait une boutique de

curiosités rue des Vieilles-Haudriettes et y prenait des yatagans et des armes turques.

Le cadavre d'un maçon tué d'un coup de fusil gisait rue de la Perle.

Et puis, rive droite, rive gauche, sur les quais, sur les boulevards, dans le pays latin, dans le quartier des halles, des hommes haletants, ouvriers, étudiants, sectionnaires, lisaient des proclamations, criaient : Aux armes! brisaient les réverbères, dételaient les voitures, dépavaient les rues, enfonçaient les portes des maisons, déracinaient les arbres, fouillaient les caves, roulaient des tonneaux, entassaient pavés, moellons, meubles, planches, faisaient des barricades.

On forçait les bourgeois d'y aider. On entrait chez les femmes, on leur faisait donner le sabre et le fusil des maris absents et l'on écrivait avec du blanc d'Espagne sur la porte : *les armes sont livrées.* Quelques-uns signaient « de leurs noms » des reçus du fusil et du sabre, et disaient : *envoyez-les chercher demain à la mairie.* On désarmait dans les rues les sentinelles isolées et les gardes nationaux allant à leur municipalité. On arrachait les épaulettes aux officiers. Rue du Cimetière-Saint-Nicolas, un officier de la garde nationale, poursuivi par une troupe armée de bâtons et de fleurets, se réfugia à grand'peine dans une maison d'où il ne put sortir qu'à la nuit, et déguisé.

Dans le quartier Saint-Jacques, les étudiants sortaient par essaims de leurs hôtels, et montaient rue Saint-Hyacinthe au café du Progrès ou descendaient au café des Sept Billards, rue des Mathurins. Là, devant les portes, des jeunes gens debout sur des bornes distribuaient des armes. On pillait le chantier de la rue Transnonain pour faire des barricades. Sur un seul point, les habitants résistaient, à l'angle des rues Sainte-Avoye et Simon-le-Franc où ils détruisaient eux-mêmes la barricade. Sur un seul point, les insurgés pliaient ; ils abandonnaient une barricade commencée rue du Temple après avoir fait feu sur un détachement de garde nationale, et s'enfuyaient par la rue de la Corderie. Le détachement ramassa dans la barricade un drapeau rouge, un paquet de cartouches et trois cents balles de pistolet. Les gardes nationaux déchirèrent le drapeau et en remportèrent les lambeaux à la pointe de leurs baïonnettes.

Tout ce que nous racontons ici lentement et successivement se faisait à la fois sur tous les points de la ville au milieu d'un vaste tumulte, comme une foule d'éclairs dans un seul roulement de tonnerre.

En moins d'une heure vingt-sept barricades sortirent de terre dans le seul quartier des halles. Au centre était cette fameuse maison n° 50, qui fut la forteresse de Jeanne et de ses cent six compagnons, et qui, flanquée d'un côté par une barricade à Saint-Merry, et de l'autre par une barricade à la rue Maubuée, commandait trois rues, la rue des Arcis, la rue Saint-Martin, et la rue Aubry-le-Boucher qu'elle prenait de front. Deux barricades en équerre se repliaient l'une de la rue Montorgueil sur la Grande-Truanderie, l'autre de la rue Geoffroy-Langevin sur la rue Sainte-Avoye. Sans compter d'innombrables barricades dans vingt autres quartiers de Paris, au Marais, à la montagne Sainte-Geneviève; une, rue Ménilmontant, où l'on voyait une porte cochère arrachée de ses gonds; une autre près du petit pont de l'Hôtel-Dieu faite avec une écossaise dételée et renversée, à trois cents pas de la préfecture de police.

A la barricade de la rue des Ménétriers, un homme bien mis distribuait de l'argent aux travailleurs. A la barricade de la rue Grenetat un cavalier parut et remit à celui qui paraissait le chef de la barricade un rouleau qui avait l'air d'un rouleau d'argent. — *Voilà,* dit-il, *pour payer les dépenses, le vin, et cœtera.* Un jeune homme blond, sans cravate, allait d'une barricade à l'autre portant des mots d'ordre. Un autre, le sabre nu, un bonnet de police bleu sur la tête, posait des sentinelles. Dans l'intérieur, en deçà des barricades, les cabarets et les loges de portiers étaient convertis en corps de garde. Du reste l'émeute se comportait selon la plus savante tactique militaire. Les rues étroites, inégales, sinueuses, pleines d'angles et de tournants, étaient admirablement choisies; les environs des halles en particulier, réseau de rues plus embrouillé qu'une forêt. La société des Amis du Peuple avait, disait-on, pris la direction de l'insurrection dans le quartier Sainte-Avoye. Un homme tué rue du Ponceau qu'on fouilla avait sur lui un plan de Paris.

Ce qui avait réellement pris la direction de l'émeute, c'était une sorte d'impétuosité inconnue qui était dans l'air. L'insurrection, brusquement, avait bâti les barricades d'une main et de l'autre saisi presque tous les postes de la garnison. En moins de trois heures, comme une traînée de poudre qui s'allume, les insurgés avaient envahi et occupé, sur la rive droite, l'Arsenal, la mairie de la place Royale, tout le Marais, la fabrique d'armes Popincourt, la Galiote, le Château-d'Eau, toutes les rues près les halles; sur la rive gauche, la caserne des Vétérans, Sainte-Pélagie, la place Maubert, la poudrière des Deux-Moulins, toutes les barrières. A cinq heures du soir ils étaient maîtres de la Bastille, de la Lingerie, des Blancs-Manteaux ; leurs éclaireurs touchaient la place des Victoires, et menaçaient la Banque, la caserne des Petits-Pères, l'hôtel des Postes. Le tiers de Paris était à l'émeute.

Sur tous les points la lutte était gigantesquement engagée; et, des désarmements, des visites domiciliaires, des boutiques d'armuriers vivement envahies, il résultait ceci que le combat commencé à coups de pierres continuait à coups de fusil.

Vers six heures du soir, le passage du Saumon devenait champ de bataille. L'émeute était à un bout, la troupe au bout opposé. On se fusillait d'une grille à l'autre. Un observateur, un rêveur, l'auteur de ce livre, qui était allé voir le volcan de près, se trouva dans le passage pris entre les deux feux. Il n'avait pour se garantir des balles que le renflement des demi-colonnes qui séparent les boutiques; il fut près d'une demi-heure dans cette situation délicate.

Cependant le rappel battait, les gardes nationaux s'habillaient et s'armaient en hâte, les légions sortaient des mairies, les régiments sortaient des casernes. Vis-à-vis le passage de l'Ancre un tambour recevait un coup de poignard. Un autre, rue du Cygne, était assailli par une trentaine de jeunes gens qui lui crevaient sa caisse et lui prenaient son sabre. Un autre était tué rue Grenier-Saint-Lazare. Rue Michel-le-Comte, trois officiers tombaient morts l'un après l'autre. Plusieurs gardes municipaux, blessés rue des Lombards, rétrogradaient.

Devant la Cour-Batave, un détachement de gardes nationaux trouvait un drapeau rouge portant cette inscription : *Révolution républicaine, n° 127*. Était-ce une révolution en effet?

L'insurrection s'était fait du centre de Paris une sorte de citadelle inextricable, tortueuse, colossale.

Là était le foyer, là était évidemment la question. Tout le reste n'était qu'escarmouches. Ce qui prouvait que tout se déciderait là, c'est qu'on ne s'y battait pas encore.

Dans quelques régiments, les soldats étaient incertains, ce qui ajoutait à l'obscurité effrayante de la crise. Ils se rappelaient l'ovation populaire qui avait accueilli en juillet 1830 la neutralité du 53º de ligne. Deux hommes intrépides et éprouvés par les grandes guerres, le maréchal de Lobau et le général Bugeaud, commandaient, Bugeaud sous Lobau. D'énormes patrouilles, composées de bataillons de la ligne enfermés dans des compagnies entières de garde nationale, et précédées d'un commissaire de police en écharpe, allaient reconnaître les rues insurgées. De leur côté, les insurgés posaient des vedettes au coin des carrefours et envoyaient audacieusement des patrouilles hors des barricades. On s'observait des deux parts. Le gouvernement, avec une armée dans la main, hésitait; la nuit allait venir et l'on commençait à entendre le tocsin de Saint-Merry. Le ministre de la guerre d'alors, le maréchal Soult, qui avait vu Austerlitz, regardait cela d'un air sombre.

Ces vieux matelots-là, habitués à la manœuvre correcte et n'ayant pour ressource et pour guide que la tactique, cette boussole des batailles, sont tout désorientés en présence de cette immense écume qu'on appelle la colère publique. Le vent des révolutions n'est pas maniable.

Les gardes nationales de la banlieue accouraient en hâte et en désordre. Un bataillon du 12ᵉ léger venait au pas de course de Saint-Denis, le 14ᵉ de ligne arrivait de Courbevoie, les batteries de l'École militaire avaient pris position au Carrousel; des canons descendaient de Vincennes.

La solitude se faisait aux Tuileries. Louis-Philippe était plein de sérénité.

V

ORIGINALITÉ DE PARIS

Depuis deux ans, nous l'avons dit, Paris avait vu plus d'une insurrection. Hors des quartiers insurgés, rien n'est d'ordinaire plus étrangement calme que la physionomie de Paris pendant une émeute. Paris s'accoutume très-vite à tout, — ce n'est qu'une émeute, — et Paris a tant d'affaires qu'il ne se dérange pas pour si peu. Ces villes colossales peuvent seules donner de tels spectacles. Ces enceintes immenses peuvent seules contenir en même temps la guerre civile et on ne sait quelle bizarre tranquillité. D'habitude, quand l'insurrection commence, quand on entend le tambour, le rappel, la générale, le boutiquier se borne à dire :

— Il paraît qu'il y a du grabuge rue Saint-Martin.

Ou :

— Faubourg Saint-Antoine.

Souvent il ajoute avec insouciance :

— Quelque part par là.

Plus tard, quand on distingue le vacarme déchirant et lugubre de la mousqueterie et des feux de peloton, le boutiquier dit :

— Ça chauffe donc ! Tiens, ça chauffe !

Un moment après, si l'émeute approche et gagne, il ferme précipitamment sa boutique et endosse rapidement son uniforme, c'est-à-dire met ses marchandises en sûreté et risque sa personne.

On se fusille dans un carrefour, dans un passage, dans un cul-de-sac ; on prend, perd et reprend des barricades ; le sang coule, la mitraille crible les façades des maisons, les balles tuent les gens dans leur alcôve, les cadavres encombrent le pavé. A quelques rues de là, on entend le choc des billes de billard dans les cafés.

Les théâtres ouvrent leurs portes et jouent des vaudevilles ; les curieux causent et rient à deux pas de ces rues pleines de guerre. Les fiacres cheminent ; les passants vont dîner en ville. Quelquefois dans le quartier même où l'on se bat. En 1831, une fusillade s'interrompit pour laisser passer une noce.

Lors de l'insurrection du 12 mai 1839, rue Saint-Martin, un petit vieux homme infirme, traînant une charrette à bras surmontée d'un chiffon tricolore dans laquelle il y avait des carafes remplies d'un liquide quelconque, allait et venait de la barricade à la troupe et de la troupe à la barricade, offrant impartialement des verres de coco — tantôt au gouvernement, tantôt à l'anarchie.

Rien n'est plus étrange ; et c'est là le caractère propre des émeutes de Paris qui ne se retrouve dans aucune autre capitale. Il faut pour cela deux choses, la grandeur de Paris et sa gaieté. Il faut la ville de Voltaire et de Napoléon.

Cette fois, cependant, dans la prise d'armes du 5 juin 1832, la grande ville sentit quelque chose qui était peut-être plus fort qu'elle. Elle eut peur. On vit partout, dans les quartiers les plus lointains et les plus « désintéressés, » les portes, les fenêtres et les volets fermés en plein jour. Les courageux s'armèrent, les poltrons se cachèrent. Le passant insoucient et affairé disparut. Beaucoup de rues étaient vides comme à quatre heures du matin. On colportait des détails alarmants, on répandait des nouvelles fatales. — Qu'*ils* étaient maîtres de la Banque ; — que, rien qu'au cloître de Saint-Merry, ils étaient six cents, retranchés et crénelés dans l'église ; — que la ligne n'était pas sûre ; — qu'Armand Carrel avait été voir le maréchal Clausel et que le maréchal avait dit : *Ayez d'abord un régiment ;* — que Lafayette était malade, mais qu'il leur avait dit pourtant : *Je suis à vous. Je vous suivrai partout où il y aura place pour une chaise ;* — qu'il fallait se tenir sur ses gardes ; qu'à la nuit il y aurait des gens qui pilleraient les maisons isolées dans les coins déserts de Paris (ici on reconnaissait l'imagination de la police, cette Anne Radcliffe mêlée au gouvernement) ; — qu'une batterie avait été établie rue Aubry-le-Boucher ; — que Lobau et Bugeaud se concertaient, et qu'à minuit, ou au point du jour au plus tard, quatre colonnes marcheraient à la fois sur le centre de l'émeute, la première venant de la Bastille, la deuxième de la porte Saint-Martin, la troisième de la Grève, la quatrième des halles ; — que peut-être aussi les troupes évacueraient Paris et se retireraient au Champ de Mars ; — qu'on ne savait ce qui arriverait, mais qu'à coup sûr, cette fois, c'était grave. — On se préoccupait des hésitations du maréchal Soult. — Pourquoi n'attaquait-il pas tout de suite ? — Il est certain qu'il était profondément absorbé. Le vieux lion semblait flairer dans cette ombre un monstre inconnu.

Le soir vint, les théâtres n'ouvrirent pas ; les patrouilles circulaient d'un air irrité ; on fouillait les passants; on arrêtait les suspects. Il y avait à neuf heures plus de huit cents personnes arrêtées; la préfecture de police était encombrée, la Conciergerie encombrée, la Force encombrée. A la Conciergerie, en particulier, le long souterrain qu'on nomme la rue de Paris était jonché de bottes de paille sur lesquelles gisait un entassement de prisonniers, que l'homme de Lyon, Lagrange, haranguait avec vaillance. Toute cette paille, remuée par tous ces hommes, faisait le bruit d'une averse. Ailleurs les prisonniers couchaient en plein air dans les préaux les uns sur les autres. L'anxiété était partout, et un certain tremblement, peu habituel à Paris.

On se barricadait dans les maisons; les femmes et les mères s'inquiétaient ; on n'entendait que ceci : *Ah mon Dieu! il n'est pas rentré !* Il y avait à peine au loin quelques rares roulements de voitures. On écoutait, sur le pas des portes, les rumeurs, les cris, les tumultes, les bruits sourds et indistincts, des choses dont on disait : *C'est la cavalerie,* ou : *Ce sont des caissons qui galopent,* les clairons, les tambours, la fusillade, et surtout ce lamentable tocsin de Saint-Merry. On attendait le premier coup de canon. Des hommes surgissaient au coin des rues et disparaissaient en criant : Rentrez chez vous! Et l'on se hâtait de verrouiller les portes. On disait : Comment cela finira-t-il? D'instant en instant, à mesure que la nuit tombait, Paris semblait se colorer plus lugubrement du flamboiement formidable de l'émeute.

LIVRE ONZIÈME

L'ATOME FRATERNISE
AVEC L'OURAGAN

I

QUELQUES ÉCLAIRCISSEMENTS
SUR LES ORIGINES DE LA POÉSIE DE GAVROCHE.
— INFLUENCE D'UN ACADÉMICIEN
SUR CETTE POÉSIE

A l'instant où l'insurrection, surgissant du choc du peuple et de la troupe devant l'Arsenal, détermina un mouvement d'avant en arrière dans la multitude qui suivait le corbillard et qui, de toute la longueur des boulevards, pesait, pour ainsi dire, sur la tête du convoi, ce fut un effrayant reflux. La cohue s'ébranla, les rangs se rompirent, tous coururent, partirent, s'échappèrent, les uns avec les cris de l'attaque, les autres avec la pâleur de la fuite. Le grand fleuve qui couvrait les boulevards se divisa en un clin d'œil, déborda à droite et à gauche et se répandit en torrents dans deux cents rues à la fois avec le ruissellement d'une écluse lâchée. En ce moment un enfant déguenillé qui descendait par la rue Ménilmontant, tenant à la main une branche de faux ébénier en fleur qu'il venait de cueillir sur les hauteurs de Belleville, avisa dans la devanture de boutique d'une marchande de bric-à-brac un vieux pistolet d'arçon. Il jeta sa branche fleurie sur le pavé, et cria :

— Mère chose, je vous emprunte votre machin.

Et il se sauva avec le pistolet.

Deux minutes après, un flot de bourgeois épouvantés qui s'enfuyait par la rue Amelot et la rue Basse, rencontra l'enfant qui brandissait son pistolet et qui chantait :

> La nuit on ne voit rien,
> Le jour on voit très-bien,
> D'un écrit apocryphe
> Le bourgeois s'ébouriffe,
> Pratiquez la vertu,
> Tutu chapeau pointu!

C'était le petit Gavroche qui s'en allait en guerre.

Sur le boulevard il s'aperçut que le pistolet n'avait pas de chien.

De qui était ce couplet qui lui servait à ponctuer sa marche, et toutes les autres chansons que, dans l'occasion, il chantait volontiers? nous l'ignorons. Qui sait? de lui peut-être. Gavroche d'ailleurs était au courant de tout le fredonnement populaire en circulation, et il y mêlait son propre gazouillement. l'arfadet et galopin, il faisait un pot-pourri des voix de la nature et des voix de Paris. Il combinait le répertoire des oiseaux avec le répertoire des ateliers. Il connaissait des rapins, tribu contiguë à la sienne. Il avait, à ce qu'il paraît, été trois mois apprenti imprimeur. Il avait fait un jour une commission pour monsieur Baour-Lormian, l'un des quarante. Gavroche était un gamin de lettres.

Gavroche du reste ne se doutait pas que dans cette vilaine nuit pluvieuse où il avait offert à deux mioches l'hospitalité de son éléphant, c'était pour ses propres frères qu'il avait fait office de providence. Ses frères le soir, son père le matin; voilà quelle avait été sa nuit. En quittant la rue des Ballets au petit jour, il était retourné en hâte à l'éléphant, en avait artistement extrait les deux mômes, avait partagé avec eux le déjeuner quelconque qu'il avait inventé, puis s'en était allé, les confiant à cette bonne mère la rue qui l'avait à peu près élevé lui-même. En les quittant, il leur avait donné rendez-vous pour le soir au même endroit, et leur avait laissé pour adieu ce discours : — *Je casse une canne, autrement dit je m'esbigne, ou, comme on dit à la cour, je file. Les mioches, si vous ne retrouvez pas papa maman, revenez ici ce soir. Je vous ficherai à souper et je vous coucherai.* Les deux enfants, ramassés par quelque sergent de ville et mis au dépôt, ou volés par quelque saltimbanque, ou simplement égarés dans l'immense casse-tête chinois parisien, n'étaient pas revenus. Les bas-fonds du monde social actuel sont pleins de ces traces perdues. Gavroche ne les avait pas revus. Dix ou douze semaines s'étaient écoulées depuis cette nuit-là. Il lui était arrivé plus d'une fois de se gratter le dessus de la tête et de dire : Où diable sont mes deux enfants?

Cependant, il était parvenu, son pistolet au poing, rue du Pont-aux-Choux. Il remarqua qu'il n'y avait plus, dans cette rue, qu'une boutique ouverte, et, chose digne de réflexion, une boutique de pâtissier. C'était une occasion providentielle de manger encore un chausson aux pommes avant d'entrer dans l'inconnu. Gavroche s'arrêta, tâta ses flancs, fouilla son gousset, retourna ses poches, n'y trouva rien, pas un sou, et se mit à crier : Au secours !

Il est dur de manquer le gâteau suprême.

Gavroche n'en continua pas moins son chemin.

Deux minutes après, il était rue Saint-Louis. En traversant la rue du Parc-Royal il sentit le besoin de se dédommager du chausson de pommes impossible, et il se donna l'immense volupté de déchirer en plein jour les affiches de spectacle.

Un peu plus loin, voyant passer un groupe d'êtres bien portants qui lui parurent des propriétaires, il haussa les épaules et cracha au hasard devant lui cette gorgée de bile philosophique :

— Ces rentiers, comme c'est gras ! ça se gave. Ça patauge dans les bons dîners. Demandez-leur ce qu'ils font de leur argent. Ils n'en savent rien. Ils le mangent, quoi ! Autant en emporte le ventre.

II

GAVROCHE EN MARCHE

L'agitation d'un pistolet sans chien qu'on tient à la main en pleine rue, est une telle fonction publique que Gavroche sentait croître sa verve à chaque pas. Il criait, parmi des bribes de la Marseillaise qu'il chantait :

— Tout va bien. Je souffre beaucoup de la patte gauche, je me suis cassé mon rhumatisme, mais je suis content, citoyens. Les bourgeois n'ont qu'à se bien tenir, je vas leur éternuer des couplets subversifs. Qu'est-ce que c'est que les mouchards? c'est des chiens. Nom d'unch! ne manquons pas de respect aux chiens. Avec ça que je voudrais bien en avoir un à mon pistolet. Je viens du boulevard, mes amis, ça chauffe, ça jette un petit bouillon, ça mijote. Il est temps d'écumer le pot. En avant les hommes! qu'un sang impur inonde les sillons! Je donne mes jours pour la patrie, je ne reverrai plus ma concubine, n-i-ni, fini, oui, Nini! mais c'est égal, vive la joie! battons-nous, crebleu! j'en ai assez du despotisme.

En cet instant, le cheval d'un garde national lancier qui passait s'étant abattu, Gavroche posa son pistolet sur le pavé, et releva l'homme, puis il aida à relever le cheval. Après quoi il ramassa son pistolet et reprit son chemin.

Rue de Thorigny, tout était paix et silence. Cette apathie, propre au Marais, contrastait avec la vaste rumeur environnante. Quatre commères causaient sur le pas d'une porte. L'Écosse a des trios de sorcières, mais Paris a des quatuor de commères; et le « tu seras roi » serait tout aussi lugubrement jeté à Bonaparte dans le carrefour

Baudoyer qu'à Macbeth dans la bruyère d'Armuyr. Ce serait à peu près le même croassement.

Les commères de la rue de Thorigny ne s'occupaient que de leurs affaires. C'étaient trois portières et une chiffonnière avec sa hotte et son crochet.

Elles semblaient debout toutes les quatre aux quatre coins de la vieillesse qui sont la caducité, la décrépitude, la ruine et la tristesse.

La chiffonnière était humble. Dans ce monde en plein vent, la chiffonnière salue, la portière protége. Cela tient au coin de la borne qui est ce que veulent les concierges, gras ou maigre, selon la fantaisie de celui qui fait le tas. Il peut y avoir de la bonté dans le balai.

Cette chiffonnière était une hotte reconnaissante, et elle souriait, quel sourire! aux trois portières. Il se disait des choses comme ceci :

— Ah çà, votre chat est donc toujours méchant?

— Mon Dieu, les chats, vous le savez, naturellement sont l'ennemi des chiens. C'est les chiens qui se plaignent.

— Et le monde aussi.

— Pourtant les puces de chat ne vont pas après le monde.

— Ce n'est pas l'embarras, les chiens, c'est dangereux. Je me rappelle une année où il y avait tant de chiens qu'on a été obligé de le mettre dans les journaux. C'était du temps qu'il y avait aux Tuileries de grands moutons qui traînaient la petite voiture du roi de Rome. Vous rappelez-vous le roi de Rome?

— Moi, j'aimais bien le duc de Bordeaux.

— Moi, j'ai connu Louis XVII. J'aime mieux Louis XVII.

— C'est la viande qui est chère, mame Patagon!

— Ah! ne m'en parlez pas, la boucherie est une horreur. Une horreur horrible. On n'a plus que de la réjouissance.

Ici la chiffonnière intervint :

— Mesdames, le commerce ne va pas. Les tas d'ordures sont minables. On ne jette plus rien. On mange tout.

— Il y en a de plus pauvres que vous, la Vargoulême.

— Ah, ça c'est vrai, répondit la chiffonnière avec déférence, moi j'ai un état.

Il y eut une pause, et la chiffonnière, cédant à ce besoin d'étalage qui est le fond de l'homme, ajouta :

— Le matin en rentrant, j'épluche l'hotte, je fais mon treillage (probablement triage). Ça fait des tas dans ma chambre. Je mets les chiffons dans un panier, les trognons dans un baquet, les linges dans mon placard, les lainages dans ma commode, les vieux papiers dans le coin de la fenêtre, les choses bonnes à manger dans mon écuelle, les morceaux de verre dans la cheminée, les savates derrière la porte, et les os sous mon lit.

Gavroche, arrêté derrière, écoutait.

— Les vieilles, dit-il, qu'est-ce que vous avez donc à parler politique?

Une bordée l'assaillit, composée d'une huée quadruple.

— En voilà encore un scélérat!

— Qu'est-ce qu'il a donc à son moignon? Un pistolet?

— Je vous demande un peu, ce gueux de môme!

— Ça n'est pas tranquille si ça ne renverse pas l'autorité.

Gavroche, dédaigneux, se borna, pour toute représaille, à soulever le bout de son nez avec son pouce en ouvrant sa main toute grande.

La chiffonnière cria :

— Méchant va-nu-pattes !

Celle qui répondait au nom de mame Patagon frappa ses deux mains l'une contre l'autre avec scandale :

— Il va y avoir des malheurs, c'est sûr. Le galopin d'à côté qui a une barbiche, je le voyais passer tous les matins avec une jeunesse en bonnet rose sous le bras ; aujourd'hui je l'ai vu passer, il donnait le bras à un fusil. Mame Bacheux dit qu'il y a eu la semaine passée une révolution à... à... à... — où est le veau ! — à Pontoise. Et puis le voyez-vous là avec son pistolet, cette horreur de polisson ! Il paraît qu'il y a des canons tout plein les Célestins. Comment voulez-vous que fasse le gouvernement avec des garnements qui ne savent qu'inventer pour déranger le monde, quand on commençait à être un peu tranquille après tous les malheurs qu'il y a eu, bon Dieu Seigneur, cette pauvre reine que j'ai vue passer dans la charrette ! Et tout ça va encore faire renchérir le tabac. C'est une infamie! et certainement, j'irai te voir guillotiner, malfaiteur.

— Tu renifles, mon ancienne, dit Gavroche. Mouche ton promontoire.

Et il passa outre.

Quand il fut rue Pavée, la chiffonnière lui revint à l'esprit et il eut ce soliloque :

— Tu as tort d'insulter les révolutionnaires, mère Coin-de-la-Borne. Ce pistolet-là, c'est dans ton intérêt. C'est pour que tu aies dans ta hotte plus de choses bonnes à manger.

Tout à coup il entendit du bruit derrière lui : c'était la portière Patagon qui l'avait suivi, et qui, de loin, lui montrait le poing en criant :

— Tu n'es qu'un bâtard!

— Ça, dit Gavroche, je m'en fiche d'une manière profonde.

Peu après, il passait devant l'hôtel Lamoignon. Là il poussa cet appel :

— En route pour la bataille!

Et il fut pris d'un accès de mélancolie. Il regarda son pistolet d'un air de reproche qui semblait essayer de l'attendrir :

— Je pars, lui dit-il, mais toi tu ne pars pas.

Un chien peut distraire d'un autre. Un caniche très-maigre vint à passer. Gavroche s'apitoya.

— Mon pauvre toutou, lui dit-il, tu as donc avalé un tonneau qu'on te voit tous les cerceaux.

Puis il se dirigea vers l'Orme-Saint-Gervais.

III

JUSTE INDIGNATION D'UN PERRUQUIER

Le digne perruquier qui avait chassé les deux petits auxquels Gavroche avait ouvert l'intestin paternel de l'éléphant, était en ce moment dans sa boutique occupé à raser un vieux soldat légionnaire qui avait servi sous l'empire. On causait. Le perruquier avait naturellement parlé au vétéran de l'émeute, puis du général Lamarque, et de Lamarque on était venu à l'empereur. De là une conversation de barbier à soldat, que Prudhomme, s'il eût été présent, eût enrichie d'arabesques, et qu'il eût intitulée : *Dialogue du rasoir et du sabre.*

— Monsieur, disait le perruquier, comment l'empereur montait-il à cheval?

— Mal. Il ne savait pas tomber. Aussi il ne tombait jamais.

— Avait-il de beaux chevaux? il devait avoir de beaux chevaux?

— Le jour où il m'a donné la croix, j'ai remarqué sa bête. C'était une jument coureuse, toute blanche. Elle avait les oreilles très-écartées, la selle profonde, une fine tête marquée d'une étoile noire, le cou très-long, les genoux fortement articulés, les côtes saillantes, les épaules obliques, l'arrière-main puissante. Un peu plus de quinze palmes de haut.

— Joli cheval, fit le perruquier.

— C'était la bête de sa majesté.

Le perruquier sentit qu'après ce mot, un peu de silence était convenable, il s'y conforma, puis reprit :

— L'empereur n'a été blessé qu'une fois, n'est-ce pas, monsieur?

Le vieux soldat répondit avec l'accent calme et souverain de l'homme qui y a été :

— Au talon. A Ratisbonne. Je ne l'ai jamais vu si bien mis que ce jour-là. Il était propre comme un sou.

— Et vous, monsieur le vétéran, vous avez dû être souvent blessé ?

— Moi ? dit le soldat, ah ! pas grand'chose. J'ai reçu à Marengo deux coups de sabre sur la nuque, une balle dans le bras droit à Austerlitz, une autre dans la hanche gauche à Iéna, à Friedland un coup de baïonnette — là, — à la Moskowa sept ou huit coups de lance n'importe où, à Lutzen un éclat d'obus qui m'a écrasé un doigt... — Ah ! et puis à Waterloo un biscaïen dans la cuisse. Voilà tout.

— Comme c'est beau, s'écria le perruquier avec un accent pindarique, de mourir sur le champ de bataille ! Moi, parole d'honneur, plutôt que de crever sur le grabat, de maladie, lentement, un peu tous les jours, avec les drogues, les cataplasmes, la seringue et la médecine, j'aimerais mieux recevoir dans le ventre un boulet de canon !

— Vous n'êtes pas dégoûté, fit le soldat.

Il achevait à peine qu'un effroyable fracas ébranla la boutique. Une vitre de la devanture venait de s'étoiler brusquement.

Le perruquier devint blême.

— Ah Dieu! cria-t-il, c'en est un!

— Quoi?

— Un boulet de canon.

— Le voici, dit le soldat

Et il ramassa quelque chose qui roulait à terre. C'était un caillou.

Le perruquier courut à la vitre brisée et vit Gavroche qui s'enfuyait à toutes jambes vers le marché Saint-Jean. En passant devant la boutique du perruquier, Gavroche, qui avait les deux mômes sur le cœur, n'avait pu résister au désir de lui dire bonjour, et lui avait jeté une pierre dans ses carreaux.

— Voyez-vous! hurla le perruquier qui de blanc était devenu bleu, cela fait le mal pour le mal. Qu'est-ce qu'on lui a fait à ce gamin-là?

IV

L'ENFANT S'ÉTONNE DU VIEILLARD

Cependant Gavroche au marché Saint-Jean, dont le poste était déjà désarmé, venait — d'opérer sa jonction — avec une bande conduite par Enjolras, Courfeyrac, Combeferre et Feuilly. Ils étaient à peu près armés. Bahorel et Jean Prouvaire les avaient retrouvés et grossissaient le groupe. Enjolras avait un fusil de chasse à deux coups, Combeferre un fusil de garde national portant un numéro de légion, et dans sa ceinture deux pistolets que sa redingote déboutonnée laissait voir, Jean Prouvaire un vieux mousqueton de cavalerie, Bahorel une carabine ; Courfeyrac agitait une canne à épée dégaînée. Feuilly, un sabre nu au poing, marchait en avant en criant : Vive la Pologne!

Ils arrivaient du quai Morland, sans cravates, sans chapeaux, essoufflés, mouillés par la pluie, l'éclair dans les yeux. Gavroche les aborda avec calme.

— Où allons-nous?

— Viens, dit Courfeyrac.

Derrière Feuilly marchait, ou plutôt bondissait Bahorel, poisson dans l'eau de l'émeute. Il avait un gilet cramoisi et de ces mots qui cassent tout. Son gilet bouleversa un passant qui cria tout éperdu:

— Voilà les rouges!

— Le rouge, les rouges! répliqua Bahorel. Drôle de peur, bourgeois. Quant à moi, je ne tremble point devant un coquelicot, le petit chaperon rouge ne m'inspire aucune épouvante. Bourgeois, croyez-moi, laissons la peur du rouge aux bêtes à cornes.

Il avisa un coin de mur où était placardée la plus pacifique feuille de papier du monde, une permission de manger des œufs, un mandement de carême adressé par l'archevêque de Paris à ses « ouailles. »

Bahorel s'écria :

— Ouailles ; manière polie de dire oies.

Et il arracha du mur le mandement. Ceci conquit Gavroche. A partir de cet instant, Gavroche se mit à étudier Bahorel.

— Bahorel, observa Enjolras, tu as tort. Tu aurais dû laisser ce mandement tranquille, ce n'est pas à lui que nous avons affaire, tu dépenses inutilement de la colère. Garde ta provision. On ne fait pas feu hors des rangs, pas plus avec l'âme qu'avec le fusil.

— Chacun son genre, Enjolras, riposta Bahorel. Cette prose d'évêque me choque, je veux manger des œufs sans qu'on me le permette. Toi tu as le genre froid brûlant ; moi je m'amuse. D'ailleurs je ne me dépense pas, je prends de l'élan ; et si j'ai déchiré ce mandement, Hercle ! c'est pour me mettre en appétit.

Ce mot, *Hercle,* frappa Gavroche. Il cherchait

toutes les occasions de s'instruire, et ce déchireur d'affiches-là avait son estime. Il lui demanda :

— Qu'est-ce que cela veut dire, *Hercle?*

Bahorel répondit :

— Cela veut dire sacré nom d'un chien en latin.

Ici Bahorel reconnut à une fenêtre un jeune homme pâle à barbe noire qui les regardait passer, probablement un Ami de l'A B C. Il lui cria :

— Vite, des cartouches! *para bellum.*

— Bel homme! c'est vrai, dit Gavroche, qui maintenant comprenait le latin.

Un cortége tumultueux les accompagnait, étudiants, artistes, jeunes gens affiliés à la Cougourde d'Aix, ouvriers, gens du port, armés de bâtons et de baïonnettes, quelques-uns, comme Combeferre, avec des pistolets entrés dans leurs pantalons. Un vieillard, qui paraissait très-vieux, marchait dans cette bande. Il n'avait point d'arme, et se hâtait pour ne point rester en arrière, quoiqu'il eût l'air pensif. Gavroche l'aperçut :

— Keksekça? dit-il à Courfeyrac.

— C'est un vieux.

C'était M. Mabeuf.

V

LE VIEILLARD

Disons ce qui s'était passé.

Enjolras et ses amis étaient sur le boulevard Bourdon près des greniers d'abondance au moment où les dragons avaient chargé. Enjolras, Courfeyrac et Combeferre étaient de ceux qui avaient pris par la rue Bassompierre en criant : Aux barricades ! Rue Lesdiguières ils avaient rencontré un vieillard qui cheminait. Ce qui avait appelé leur attention, c'est que ce bonhomme marchait en zigzag comme s'il était ivre. En outre il avait son chapeau à la main, quoiqu'il eût plu toute la matinée et qu'il plût assez fort en ce moment-là même. Courfeyrac avait reconnu le père Mabeuf. Il le connaissait pour avoir maintes fois accompagné Marius jusqu'à sa porte. Sachant les habitudes paisibles et plus que timides du vieux marguillier-bouquiniste, et stupéfait de le voir au milieu de ce tumulte, à deux pas des charges de cavalerie, presque au milieu d'une fusillade, décoiffé sous la pluie et se promenant parmi les balles, il l'avait abordé, et l'émeutier de vingt-cinq ans et l'octogénaire avaient échangé ce dialogue :

— Monsieur Mabeuf, rentrez chez vous.

— Pourquoi ?

— Il va y avoir du tapage.

— C'est bon.

— Des coups de sabre, des coups de fusil, monsieur Mabeuf.

— C'est bon.

— Des coups de canon.

— C'est bon. Où allez-vous, vous autres ?

— Nous allons flanquer le gouvernement par terre.

— C'est bon.

Et il s'était mis à les suivre. Depuis ce moment-là, il n'avait pas prononcé une parole. Son pas était devenu ferme tout à coup ; des ouvriers lui avaient offert le bras, il avait refusé d'un signe de tête. Il s'avançait presque au premier rang de la colonne, ayant tout à la fois le mouvement d'un homme qui marche et le visage d'un homme qui dort.

— Quel bonhomme enragé! murmuraient les étudiants. Le bruit courait dans l'attroupement que c'était — un ancien conventionnel, — un vieux régicide. Le rassemblement avait pris par la rue de la Verrerie.

Le petit Gavroche marchait en avant avec ce chant à tue-tête qui faisait de lui une espèce de clairon. Il chantait :

> Voici la lune qui paraît,
> Quand irons-nous dans la forêt?
> Demandait Charlot à Charlote.
>
> Tou tou tou
> Pour Chatou.
> Je n'ai qu'un Dieu, qu'un roi, qu'un liard et qu'une botte.

Pour avoir bu de grand matin
La rosée à même le thym,
Deux moineaux étaient en ribote.

Zi zi zi
Pour Passy.
Je n'ai qu'un Dieu, qu'un roi, qu'un liard et qu'une botte.

Et ces deux pauvres petits loups
Comme deux grives étaient soûls;
Un tigre en riait dans sa grotte.

Don don don
Pour Meudon.
Je n'ai qu'un Dieu, qu'un roi, qu'un liard et qu'une botte.

L'un jurait et l'autre sacrait.
Quand irons-nous dans la forêt?
Demandait Charlot à Charlotte.

Tin tin tin
Pour Pantin.
Je n'ai qu'un Dieu, qu'un roi, qu'un liard et qu'une botte.

Ils se dirigeaient vers Saint-Merry.

VI

RECRUES

La bande grossissait à chaque instant. Vers la rue des Billettes, un homme de haute taille, grisonnant, dont Courfeyrac, Enjolras et Combeferre remarquèrent la mine rude et hardie, mais qu'aucun d'eux ne connaissait, se joignit à eux. Gavroche occupé de chanter, de siffler, de bourdonner, d'aller en avant, et de cogner aux volets de boutiques avec la crosse de son pistolet sans chien, ne fit pas attention à cet homme.

Il se trouva que, rue de la Verrerie, ils passèrent devant la porte de Courfeyrac.

— Cela se trouve bien, dit Courfeyrac, j'ai oublié ma bourse, et j'ai perdu mon chapeau. Il quitta l'attroupement et monta chez lui quatre à quatre. Il prit un vieux chapeau et sa bourse. Il prit aussi un assez grand coffre carré de la dimension d'une grosse valise qui était caché dans son linge sale. Comme il redescendait en courant, la portière le héla.

— Monsieur de Courfeyrac!

— Portière, comment vous appelez-vous? riposta Courfeyrac.

La portière demeura ébahie.

— Mais vous le savez bien, je suis la concierge, je me nomme la mère Veuvain.

— Eh bien, si vous m'appelez encore monsieur de Courfeyrac, je vous appelle mère de Veuvain. Maintenant, parlez, qu'y a-t-il? qu'est-ce?

— Il y a quelqu'un qui veut vous parler.

— Qui ça?

— Je ne sais pas.

— Où ça?

— Dans ma loge.

— Au diable! fit Courfeyrac.

— Mais ça attend depuis plus d'une heure que vous rentriez! reprit la portière.

En même temps, une espèce de jeune ouvrier, maigre, blême, petit, marqué de taches de rousseur, vêtu d'une blouse trouée et d'un pantalon de velours à côtes rapiécé, et qui avait plutôt l'air d'une fille accoutrée en garçon que d'un homme, sortit de la loge et dit à Courfeyrac d'une voix qui, par exemple, n'était pas le moins du monde une voix de femme :

— Monsieur Marius, s'il vous plaît?

— Il n'y est pas.

— Rentrera-t-il ce soir?

— Je n'en sais rien.

Et Courfeyrac ajouta : — Quant à moi, je ne rentrerai pas.

Le jeune homme le regarda fixement et lui demanda :

— Pourquoi cela?

— Parce que.

— Où allez-vous donc?

— Qu'est-ce que cela te fait?

— Voulez-vous que je vous porte votre coffre?

— Je vais aux barricades.

— Voulez-vous que j'aille avec vous?

— Si tu veux! répondit Courfeyrac. La rue est libre, les pavés sont à tout le monde.

Et il s'échappa en courant pour rejoindre ses amis. Quand il les eut rejoints, il donna le coffre à porter à l'un d'eux. Ce ne fut qu'un quart d'heure après qu'il s'aperçut que le jeune homme les avait en effet suivis.

Un attroupement ne va pas précisément où il veut. Nous avons expliqué que c'est un coup de vent qui l'emporte. Ils dépassèrent Saint-Merry et se trouvèrent, sans trop savoir comment, rue Saint-Denis.

LIVRE DOUZIÈME

CORINTHE

I

HISTOIRE DE CORINTHE DEPUIS SA FONDATION

Les parisiens qui, aujourd'hui, en entrant dans la rue Rambuteau du côté des halles, remarquent à leur droite, vis-à-vis la rue Mondétour, une boutique de vannier ayant pour enseigne un panier qui a la forme de l'empereur Napoléon le Grand avec cette inscription :

Napoléon est fait
tout en osier,

ne se doutent guère des scènes terribles que ce

même emplacement a vues il y a à peine trente ans.

C'est là qu'étaient la rue de la Chanvrerie, que les anciens titres écrivent Chanverrerie, et le cabaret célèbre appelé Corinthe.

On se rappelle tout ce qui a été dit sur la barricade élevée en cet endroit et éclipsée d'ailleurs par la barricade Saint-Merry. C'est sur cette fameuse barricade de la rue de la Chanvrerie, aujourd'hui tombée dans une nuit profonde, que nous allons jeter un peu de lumière.

Qu'on nous permette de recourir, pour la clarté du récit, au moyen simple déjà employé par nous pour Waterloo. Les personnes qui voudront se représenter d'une manière assez exacte les pâtés de maisons qui se dressaient à cette époque près la pointe Saint-Eustache, à l'angle nord-est des halles de Paris, où est aujourd'hui l'embouchure de la rue Rambuteau, n'ont qu'à se figurer, touchant la rue Saint-Denis par le sommet et par la base les halles, une N dont les deux jambages verticaux seraient la rue de la Grande-Truanderie et la rue de la Chanvrerie et dont la rue de la Petite-Truanderie ferait le jambage transversal. La vieille rue Mondétour coupait les trois jambages selon les angles les plus tortus. Si bien que l'enchevêtrement dédaléen de ces quatre rues suffisait pour faire, sur un espace de cent toises carrées, entre les halles et la rue Saint-Denis d'une part, entre la rue du Cygne et la rue des Prêcheurs d'autre part, sept îlots de maisons, bizarrement taillés, de grandeurs diverses, posés de travers et comme au hasard, et séparés à peine, ainsi que les blocs de pierre dans le chantier, par des fentes étroites.

Nous disons fentes étroites, et nous ne pouvons pas donner une plus juste idée de ces ruelles obscures, resserrées, anguleuses, bordées de masures à huit étages. Ces masures étaient si décrépites que, dans les rues de la Chanvrerie et de la Petite-Truanderie, les façades s'étayaient de poutres allant d'une maison à l'autre. La rue était étroite et le ruisseau large, le passant y cheminait sur le pavé toujours mouillé, côtoyant des boutiques pareilles à des caves, de grosses bornes cerclées de fer, des tas d'ordures excessifs, des portes d'allées armées d'énormes grilles séculaires. La rue Rambuteau a dévasté tout cela.

Le nom Mondétour peint à merveille les sinuosités de toute cette voirie. Un peu plus loin, on les trouvait encore mieux exprimées par la *rue Pirouette* qui se jetait dans la rue Mondétour.

Le passant qui s'engageait de la rue Saint-Denis dans la rue de la Chanvrerie la voyait peu à peu se rétrécir devant lui comme s'il fût entré dans un entonnoir allongé. Au bout de la rue, qui était fort courte, il trouvait le passage barré du côté des halles par une haute rangée de maisons, et il se fût cru dans un cul-de-sac, s'il n'eût aperçu à droite et à gauche deux tranchées noires par où il pouvait s'échapper. C'était la rue Mondétour, laquelle allait rejoindre d'un côté la rue des Prêcheurs, de l'autre la rue du Cygne et la Petite-Truanderie. Au fond de cette espèce de cul-de-sac, à l'angle de la tranchée de droite, on remarquait une maison moins élevée que les autres et formant une sorte de cap sur la rue.

C'est dans cette maison, de deux étages seulement, qu'était allégrement installé depuis trois cents ans un cabaret illustre. Ce cabaret faisait un bruit de joie au lieu même que le vieux Théophile a signalé dans ces deux vers :

> Là branle le squelette horrible
> D'un pauvre amant qui se pendit.

L'endroit était bon, les cabaretiers s'y succédaient de père en fils.

Du temps de Mathurin Régnier, ce cabaret s'appelait le *Pot-aux-Roses,* et comme la mode était aux rébus, il avait pour enseigne un poteau peint en rose. Au siècle dernier, le digne Natoire, l'un des maîtres fantasques aujourd'hui dédaignés par l'école roide, s'étant grisé plusieurs fois dans ce cabaret à la table même où s'était soûlé Régnier, avait peint par reconnaissance une grappe de raisin de Corinthe sur le poteau rose. Le cabaretier, de joie, en avait changé son enseigne et avait fait dorer au-dessous de la grappe ces mots : *au Raisin de Corinthe.* De là ce nom, *Corinthe.* Rien n'est plus naturel aux ivrognes que les ellipses. L'ellipse est le zigzag de la phrase. Corinthe avait peu à peu détrôné le Pot-aux-Roses. Le dernier cabaretier de la dynastie, le père Hucheloup, ne sachant même plus la tradition, avait fait peindre le poteau en bleu.

Une salle en bas où était le comptoir, une salle au premier où était le billard, un escalier de bois en spirale perçant le plafond, le vin sur les tables, la fumée sur les murs, des chandelles en plein jour, voilà quel était le cabaret. Un escalier à trappe dans la salle d'en bas conduisait à la cave. Au second était le logis des Hucheloup. On y montait par un escalier, échelle plutôt qu'escalier, n'ayant pour entrée qu'une porte dérobée dans la grande salle du premier. Sous le toit, deux greniers-mansardes, nids de servantes. La cuisine partageait le rez-de-chaussée avec la salle du comptoir.

Le père Hucheloup était peut-être né chimiste, le fait est qu'il fut cuisinier; on ne buvait pas seulement dans son cabaret, on y mangeait. Hucheloup avait inventé une chose excellente qu'on ne mangeait que chez lui, c'étaient des carpes farcies qu'il appelait *carpes au gras*. On mangeait cela à la lueur d'une chandelle de suif ou d'un quinquet du temps de Louis XVI sur des tables où était clouée une toile cirée en guise de nappe. On y venait de loin. Hucheloup, un beau matin, avait jugé à propos d'avertir les passants de sa « spécialité; » il avait trempé un pinceau dans un pot de noir, et comme il avait une orthographe à lui, de même qu'une cuisine à lui, il avait improvisé sur son mur cette inscription remarquable :

CARPES HO GRAS

Un hiver, les averses et les giboulées avaient eu la fantaisie d'effacer l'S qui terminait le premier mot et le G qui commençait le troisième ; il était resté ceci :

CARPE HO RAS

Le temps et la pluie aidant, une humble annonce gastronomique était devenue un conseil profond.

De la sorte il s'était trouvé que, ne sachant pas le français, le père Hucheloup avait su le latin, qu'il avait fait sortir de la cuisine la philosophie, et que, voulant simplement effacer Carême, il avait égalé Horace. Et ce qui était frappant, c'est que cela aussi voulait dire : entrez dans mon cabaret.

Rien de tout cela n'existe aujourd'hui. Le dédale Mondétour était éventré et largement ouvert dès 1847, et probablement n'est plus à l'heure qu'il est. La rue de la Chanvrerie et Corinthe ont disparu sous le pavé de la rue Rambuteau.

Comme nous l'avons dit, Corinthe était un des lieux de réunion, sinon de ralliement, de Courfeyrac et de ses amis. C'est Grantaire qui avait découvert Corinthe. Il y était entré à cause de *Carpe Horas* et y était retourné à cause des *Carpes au Gras*. On y buvait, on y mangeait, on y criait ; on y payait peu, on y payait mal, on n'y payait pas, on était toujours bienvenu. Le père Hucheloup était un bonhomme.

Hucheloup, bonhomme, nous venons de le dire, était un gargotier à moustaches ; variété amusante. Il avait toujours la mine de mauvaise humeur, semblait vouloir intimider ses pratiques, bougonnait les gens qui entraient chez lui, et avait l'air plus disposé à leur chercher querelle qu'à leur servir la soupe. Et pourtant, nous maintenons le mot, on était toujours bienvenu. Cette bizarrerie avait achalandé sa boutique, et lui amenait des jeunes gens se disant : Viens donc voir *marronner* le père Hucheloup. Il avait été maître d'armes. Tout à coup il éclatait de rire. Grosse voix, bon diable. C'était un fond comique avec une apparence tragique ; il ne demandait pas mieux que de vous faire peur, à peu près comme ces tabatières qui ont la forme d'un pistolet. La détonation éternue.

Il avait pour femme la mère Hucheloup, un être barbu, fort laid.

Vers 1830 le père Hucheloup mourut. Avec lui disparut le secret des carpes au gras. Sa veuve, peu consolable, continua le cabaret. Mais la cuisine dégénéra et devint exécrable, le vin, qui avait toujours été mauvais, fut affreux. Courfeyrac et ses amis continuèrent pourtant d'aller à Corinthe, — par pitié, disait Bossuet.

La veuve Hucheloup était essoufflée et difforme avec des souvenirs champêtres. Elle leur ôtait la fadeur par la prononciation. Elle avait une façon à elle de dire les choses qui assaisonnait ses réminiscences villageoises et printanières. Ç'avait été jadis son bonheur, affirmait-elle, d'entendre « les loups-de-gorge chanter dans les ogrépines. »

La salle du premier, où était « le restaurant, » était une grande et longue pièce encombrée de tabourets, d'escabeaux, de chaises, de bancs et de tables, et d'un vieux billard boiteux. On y arrivait par l'escalier en spirale qui aboutissait dans l'angle de la salle à un trou carré pareil à une écoutille de navire.

Cette salle, éclairée d'une seule fenêtre étroite et d'un quinquet toujours allumé, avait un air de galetas. Tous les meubles à quatre pieds se comportaient comme s'ils en avaient trois. Les murs blanchis à la chaux n'avaient pour tout ornement que ce quatrain en l'honneur de mame Hucheloup :

> Elle étonne à dix pas, elle épouvante à deux,
> Une verrue habite en son nez hasardeux ;
> On tremble à chaque instant qu'elle ne vous la mouche,
> Et qu'un beau jour son nez ne tombe dans sa bouche.

Cela était charbonné sur la muraille.

Mame Hucheloup, ressemblante, allait et venait du matin au soir devant ce quatrain, avec une parfaite tranquillité. Deux servantes, appelées Matelote et Gibelotte, et auxquelles on n'a jamais connu d'autres noms, aidaient mame Hucheloup à poser sur les tables les cruchons de vin bleu et les brouets variés qu'on servait aux affamés dans des écuelles de poterie. Matelote, grosse, ronde, rousse et criarde, ancienne sultane favorite du défunt Hucheloup, était laide, plus que n'importe quel monstre mythologique ; pourtant, comme il sied que la servante se tienne toujours en arrière de la maîtresse, elle était moins laide que mame Hucheloup. Gibelotte, longue, délicate, blanche d'une blancheur lymphatique, les yeux cernés, les paupières tombantes, toujours épuisée et accablée, atteinte de ce qu'on pourrait appeler la lassitude chronique, levée la première, couchée la dernière, servait tout le monde, même l'autre servante, en silence et avec douceur, en souriant sous la fatigue d'une sorte de vague sourire endormi.

Avant d'entrer dans la salle-restaurant, on lisait sur la porte ce vers écrit à la craie par Courfeyrac :

Régale si tu peux et mange si tu l'oses.

II

GAIETÉS PRÉALABLES

Laigle de Meaux, on le sait, demeurait plutôt chez Joly qu'ailleurs. Il avait un logis comme l'oiseau a une branche. Les deux amis vivaient ensemble, mangeaient ensemble, dormaient ensemble. Tout leur était commun, même un peu Musichetta. Ils étaient ce que, chez les frères chapeaux, on appelle *bini*. Le matin du 5 juin, ils s'en allèrent déjeuner à Corinthe. Joly, enchifrené, avait un fort coryza que Laigle commençait à partager. L'habit de Laigle était râpé, mais Joly était bien mis.

Il était environ neuf heures du matin quand ils poussèrent la porte de Corinthe.

Ils montèrent au premier.

Matelote et Gibelotte les reçurent :

— Huîtres, fromage et jambon, dit Laigle.

Et ils s'attablèrent.

Le cabaret était vide ; il n'y avait qu'eux deux.

Gibelotte, reconnaissant Joly et Laigle, mit une bouteille de vin sur la table.

Comme ils étaient aux premières huîtres, une tête apparut à l'écoutille de l'escalier, et une voix dit :

— Je passais. J'ai senti, de la rue, une délicieuse odeur de fromage de Brie. J'entre.

C'était Grantaire.

Grantaire prit un tabouret et s'attabla.

Gibelotte, voyant Grantaire, mit deux bouteilles de vin sur la table.

Cela fit trois.

— Est-ce que tu vas boire ces deux bouteilles? demanda Laigle à Grantaire.

Grantaire répondit :

— Tous sont ingénieux, toi seul es ingénu. Deux bouteilles n'ont jamais étonné un homme.

Les autres avaient commencé par manger, Grantaire commença par boire. Une demi-bouteille fut vivement engloutie.

— Tu as donc un trou à l'estomac ? reprit Laigle.

— Tu en as bien un au coude, dit Grantaire.

Et, après avoir vidé son verre, il ajouta :

— Ah çà, Laigle des oraisons funèbres, ton habit est vieux.

— Je l'espère, repartit Laigle. Cela fait que nous faisons bon ménage, mon habit et moi. Il a pris tous mes plis, il ne me gêne en rien, il s'est moulé sur mes difformités, il est complaisant à tous mes mouvements ; je ne le sens que parce qu'il me tient chaud. Les vieux habits, c'est la même chose que les vieux amis.

— C'est vrai, s'écria Joly entrant dans le dialogue, un vieil habit est un vieil abi.

— Surtout, dit Grantaire, dans la bouche d'un homme enchifrené.

— Grantaire, demanda Laigle, viens-tu du boulevard ?

— Non.

— Nous venons de voir passer la tête du cortége, Joly et moi.

— C'est un spectacle berveilleux, dit Joly.

— Comme cette rue est tranquille! s'écria Laigle. Qui est-ce qui se douterait que Paris est sens dessus dessous? Comme on voit que c'était jadis tout couvents par ici! Du Breul et Sauval en donnent la liste, et l'abbé Lebeuf. Il y en avait tout autour, ça fourmillait, des chaussés, des déchaussés, des tondus, des barbus, des gris, des noirs, des blancs, des franciscains, des minimes, des capucins, des carmes, des petits augustins, des grands augustins, des vieux augustins... — Ça pullulait.

— Ne parlons pas de moines, interrompit Grantaire, cela donne envie de se gratter.

Puis il s'exclama :

— Bouh! je viens d'avaler une mauvaise huître. Voilà l'hypocondrie qui me reprend. Les huîtres sont gâtées, les servantes sont laides. Je hais l'espèce humaine. J'ai passé tout à l'heure rue Richelieu devant la grosse librairie publique. Ce tas d'écailles d'huîtres qu'on appelle une bibliothèque me dégoûte de penser. Que de papier! que d'encre! que de griffonnage! On a écrit tout ça! Quel maroufle a donc dit que l'homme était un bipède sans plume? Et puis, j'ai rencontré une jolie fille que je connais, belle comme le printemps, digne de s'appeler Floréal, et ravie, transportée, heureuse, aux anges, la misérable, parce que hier un épouvantable banquier tigré de petite vérole a daigné vouloir d'elle! Hélas! la femme guette le traitant non moins que le muguet; les chattes chassent aux souris comme aux oiseaux. Cette donzelle, il n'y a pas deux mois qu'elle était sage dans une mansarde, elle ajustait des petits ronds de cuivre à des œillets de corset, comment appelez-vous ça? elle cousait, elle avait un lit de sangle, elle demeurait auprès d'un pot de fleurs, elle était contente. La voilà banquière. Cette transformation s'est faite cette nuit. J'ai rencontré cette victime ce matin, toute joyeuse. Ce qui est hideux, c'est que la drôlesse était tout aussi jolie aujourd'hui qu'hier. Son financier ne paraissait pas sur sa figure. Les roses ont ceci de plus ou de moins que les femmes, que les traces que leur laissent les chenilles sont visibles. Ah! il n'y a pas de morale sur la terre, j'en atteste le myrte, symbole de l'amour, le laurier, symbole de la guerre, l'olivier, ce bêta, symbole de la paix, le pommier, qui a failli étrangler Adam avec son pepin, et le figuier, grand-père des jupons. Quant au droit, voulez-vous savoir ce que c'est que le droit? Les Gaulois convoitent Cluse, Rome protége Cluse, et leur demande quel tort Cluse leur a fait. Brennus répond : — Le tort que vous a fait Albe, le tort que vous a fait Fidène, le tort que vous ont fait les Èques, les Volsques et les Sabins. Ils étaient vos voisins. Les Clusiens sont les nôtres. Nous entendons le voisinage comme vous. Vous avez volé Albe, nous prenons Cluse. Rome dit : Vous ne prendrez pas Cluse. Brennus prit Rome. Puis il cria : *Væ victis!* Voilà ce que c'est que le droit. Ah! dans ce monde, que de bêtes de proie! que d'aigles! J'en ai la chair de poule.

Il tendit son verre à Joly qui le remplit, puis il but, et poursuivit, sans presque avoir été interrompu par ce verre de vin dont personne ne s'aperçut, pas même lui :

— Brennus, qui prend Rome, est un aigle; le banquier, qui prend la grisette, est un aigle. Pas plus de pudeur ici que là. Donc ne croyons à rien. Il n'y a qu'une réalité : boire. Quelle que soit votre opinion, soyez pour le coq maigre comme le canton d'Uri ou pour le coq gras comme le canton de Glaris, peu importe, buvez. Vous me parlez du boulevard, du cortége, et cætera. Ah çà, il va donc encore y avoir une révolution? Cette indigence de moyens m'étonne de la part du bon Dieu. Il faut qu'à tout moment il se remette à suifer la rainure des événements. Ça accroche, ça ne marche pas. Vite une révolution. Le bon Dieu a toujours les mains noires de ce vilain cambouis-là. A sa place, je serais plus simple, je ne remonterais pas à chaque instant ma mécanique, je mènerais le genre humain rondement, je tricoterais les faits maille à maille, sans casser le fil, je n'aurais point d'en-cas, je n'aurais pas de répertoire extraordinaire. Ce que vous autres appelez le progrès marche par deux moteurs, les hommes et les événements. Mais, chose triste, de temps en temps, l'exceptionnel est nécessaire. Pour les événements comme pour les hommes, la troupe ordinaire ne suffit pas ; il faut parmi les hommes des génies, et parmi les événements des révolutions. Les grands accidents sont la loi; l'ordre des choses ne peut s'en passer; et, à voir les apparitions de comètes, on serait tenté de croire que le ciel lui-même a besoin d'acteurs en représentation. Au moment où l'on s'y attend le moins, Dieu placarde un météore sur la muraille du firmament. Quelque étoile bizarre survient, soulignée par une queue énorme. Et cela fait mourir César. Brutus lui donne un coup de couteau, et Dieu un coup de comète. Crac, voilà une aurore boréale, voilà une révolution, voilà un grand homme; 93 en grosses lettres, Napoléon en vedette, la comète de 1811 au haut de l'affiche. Ah! la belle affiche bleue, toute constellée de flamboiements inattendus! Boum! boum! spectacle extraordinaire. Levez les yeux, badauds. Tout est échevelé, l'astre comme le drame. Bon Dieu, c'est trop, et ce n'est pas assez. Ces ressources, prises dans l'exception, semblent magnificence et sont pauvreté. Mes amis, la providence en est aux expédients. Une révolution, qu'est-ce que cela prouve? Que Dieu est à court. Il fait un coup d'État, parce qu'il y a solution de continuité entre le présent et l'avenir, et parce que, lui Dieu, il n'a pas pu joindre les deux bouts. Au fait, cela me confirme dans mes conjectures sur la situation de fortune de Jéhovah ; et à voir tant de malaise en haut et en bas, tant de mesquinerie et de pingrerie et de ladrerie et de détresse au ciel et sur la terre, depuis l'oiseau qui n'a pas un grain de mil jusqu'à moi qui n'ai pas cent mille livres de rente, à voir la destinée humaine, qui est fort usée, et même la destinée royale, qui montre la corde, témoin le prince de Condé pendu, à voir l'hiver, qui n'est pas autre chose qu'une déchirure au zénith par où le vent souffle, à voir tant de haillons même dans la pourpre toute neuve du matin au sommet des collines, à voir les gouttes de rosée, ces perles fausses, à voir le givre, ce strass, à voir l'humanité décousue et les événements rapiécés, et tant de taches au soleil, et tant de trous à la lune, à voir tant de misère partout, je soupçonne que Dieu n'est pas riche. Il a de l'apparence, c'est vrai, mais je sens la gêne. Il donne une révolution, comme un négociant dont la caisse est vide donne un bal. Il ne faut pas juger des dieux sur l'apparence. Sous la dorure du ciel j'entrevois un univers pauvre. Dans la création il y a de la faillite. C'est pourquoi je suis mécontent. Voyez, c'est le cinq juin, il fait presque nuit; depuis ce matin j'attends que le jour vienne, il n'est pas venu, et je gage qu'il ne viendra pas de la journée. C'est une inexactitude de commis mal payé. Oui, tout est mal arrangé, rien ne s'ajuste à rien, ce vieux monde est tout déjeté, je me range dans l'opposition. Tout va de guingois; l'univers est taquinant. C'est comme les enfants, ceux qui en désirent n'en ont pas, ceux qui n'en désirent pas en ont. Total : je bisque. En outre, Laigle de Meaux, ce chauve, m'afflige à voir. Cela m'humilie de penser que je suis du même âge que ce genou. Du reste, je critique, mais je n'insulte pas. L'univers est ce qu'il est. Je parle ici sans méchante intention et pour l'acquit de ma conscience. Recevez, Père éternel, l'assurance de ma considération distinguée. Ah! par tous les saints de l'Olympe et par tous les dieux du paradis, je n'étais pas fait pour être parisien, c'est-à-dire pour ricocher à jamais, comme un volant entre deux raquettes, du groupe des flâneurs au groupe des tapageurs! J'étais fait pour être turc, regardant toute la journée des péronnelles orientales exécuter ces exquises danses d'Égypte lubriques comme les songes d'un homme chaste, ou paysan beauceron, ou gentil-

homme vénitien entouré de gentilles-donnes, ou petit
prince allemand fournissant la moitié d'un fantassin à la Confédération germanique, et occupant ses
loisirs à faire sécher ses chaussettes sur sa haie,
c'est-à-dire sur sa frontière ! Voilà pour quels destins j'étais né ! oui, j'ai dit turc, et je ne m'en dédis
point. Je ne comprends pas qu'on prenne habituellement les turcs en mauvaise part ; Mahom a du
bon ; respect à l'inventeur des sérails à houris et
des paradis à odalisques ! N'insultons pas le mahométisme, la seule religion qui soit ornée d'un
poulailler ! Sur ce, j'insiste pour boire. La terre est
une grosse bêtise. Et il paraît qu'ils vont se battre,
tous ces imbéciles, se faire casser le profil, se
massacrer, en plein été, au mois de juin, quand
ils pourraient s'en aller, avec une créature sous le
bras, respirer dans les champs l'immense tasse de
thé des foins coupés ! Vraiment, on fait trop de sottises. Une vieille lanterne cassée que j'ai vue tout à
l'heure chez un marchand de bric-à-brac me suggère une réflexion : Il serait temps d'éclairer le
genre humain. Oui, me revoilà triste ! Ce que c'est
que d'avaler une huître et une révolution de travers !
Je redeviens lugubre. Oh ! l'affreux vieux monde !

On s'y évertue, on s'y destitue, on s'y prostitue, on s'y tue, on s'y habitue !

Et Grantaire, après cette quinte d'éloquence, eut une quinte de toux, méritée.

— A propos de révolution, dit Joly, il paraît que décidément Barius est amoureux.

— Sait-on de qui ? demanda Laigle.

— Don.

— Non ?

— Don ! je te dis.

— Les amours de Marius ! s'écria Grantaire. Je vois ça d'ici. Marius est un brouillard, et il aura trouvé une vapeur. Marius est de la race poëte. Qui dit poëte, dit fou. *Tymbræus Apollo.* Marius et sa Marie, ou sa Maria, ou sa Mariette, ou sa Marion, cela doit faire de drôles d'amants. Je me rends compte de ce que cela est. Des extases où l'on oublie le baiser. Chastes sur la terre, mais s'accouplant dans l'infini. Ce sont des âmes qui ont des sens. Ils couchent ensemble dans les étoiles.

Grantaire entamait sa seconde bouteille et peut-être sa seconde harangue quand un nouvel être émergea du trou carré de l'escalier. C'était un garçon de moins de dix ans, déguenillé, très-petit, jaune, le visage en museau, l'œil vif, énormément chevelu, mouillé de pluie, l'air content.

L'enfant, choisissant sans hésiter parmi les trois, quoiqu'il n'en connût évidemment aucun, s'adressa à Laigle de Meaux.

— Est-ce vous qui êtes monsieur Bossuet? demanda-t-il.

— C'est mon petit nom, répondit Laigle. Que me veux-tu?

— Voilà. Un grand blond sur le boulevard m'a dit : Connais-tu la mère Hucheloup? J'ai dit : Oui, rue Chanvrerie, la veuve au vieux. Il m'a dit : Vas-y. Tu y trouveras monsieur Bossuet, et tu lui diras de ma part : A — B — C. C'est une farce qu'on vous fait, n'est-ce pas? Il m'a donné dix sous.

— Joly, prête-moi dix sous, dit Laigle, et se tournant vers Grantaire : — Grantaire, prête-moi dix sous.

Cela fit vingt sous que Laigle donna à l'enfant.

— Merci, monsieur, dit le petit garçon.

— Comment t'appelles-tu? demanda Laigle.

— Navet, l'ami à Gavroche.

— Reste avec nous, dit Laigle.

— Déjeune avec nous, dit Grantaire.

L'enfant répondit :

— Je ne peux pas, je suis du cortége, c'est moi qui crie à bas Polignac.

Et tirant le pied longuement derrière lui, ce qui est le plus respectueux des saluts possibles, il s'en alla.

L'enfant parti, Grantaire prit la parole :

— Ceci est le gamin pur. Il y a beaucoup de variétés dans le genre gamin. Le gamin notaire s'appelle saute-ruisseau, le gamin cuisinier s'appelle marmiton, le gamin boulanger s'appelle mitron, le gamin laquais s'appelle groom, le gamin marin s'appelle mousse, le gamin soldat s'appelle tapin, le gamin peintre s'appelle rapin, le gamin négociant s'appelle trottin, le gamin courtisan s'appelle menin, le gamin roi s'appelle dauphin, le gamin dieu s'appelle bambino.

Cependant Laigle méditait ; il dit à demi-voix :

— A — B — C, c'est-à-dire : Enterrement de Lamarque.

— Le grand blond, observa Grantaire, c'est Enjolras qui te fait avertir.

— Irons-nous? fit Bossuet.

— Il pleut, dit Joly. J'ai juré d'aller au feu, pas à l'eau. Je de veux pas b'enrhuber.

— Je reste ici, dit Grantaire. Je préfère un déjeuner à un corbillard.

— Conclusion : nous restons, reprit Laigle. Eh bien, buvons alors. D'ailleurs on peut manquer l'enterrement, sans manquer l'émeute.

— Ah! l'ébeute, j'en suis, s'écria Joly.

Laigle se frotta les mains :

— Voilà donc qu'on va retoucher à la révolution de 1830. Au fait elle gêne le peuple aux entournures.

— Cela m'est à peu près égal, votre révolution, dit Grantaire. Je n'exècre pas ce gouvernement-ci. C'est la couronne tempérée par le bonnet de coton. C'est un sceptre terminé en parapluie. Au fait, aujourd'hui, j'y songe, par le temps qu'il fait, Louis-Philippe pourra utiliser sa royauté à deux fins, étendre le bout sceptre contre le peuple et ouvrir le bout parapluie contre le ciel.

La salle était obscure, de grosses nuées achevaient de supprimer le jour. Il n'y avait personne dans le cabaret, ni dans la rue, tout le monde étant allé « voir les événements. »

— Est-il midi ou minuit? cria Bossuet. On n'y voit goutte. Gibelotte, de la lumière!

Grantaire, triste, buvait.

— Enjolras me dédaigne, murmura-t-il. Enjolras a dit : Joly est malade. Grantaire est ivre. C'est à Bossuet qu'il a envoyé Navet. S'il était venu me prendre, je l'aurais suivi. Tant pis pour Enjolras! je n'irai pas à son enterrement.

Cette résolution prise, Bossuet, Joly et Grantaire ne bougèrent plus du cabaret. Vers deux heures de l'après-midi, la table où ils s'accoudaient était couverte de bouteilles vides. Deux chandelles y brûlaient, l'une dans un bougeoir de cuivre parfaitement vert, l'autre dans le goulot d'une carafe fêlée. Grantaire avait entraîné Joly et Bossuet vers le vin; Bossuet et Joly avaient ramené Grantaire vers la joie.

Quant à Grantaire, depuis midi, il avait dépassé le vin, médiocre source de rêves. Le vin, près des ivrognes sérieux, n'a qu'un succès d'estime. Il y a, en fait d'ébriété, la magie noire et la magie blanche : le vin n'est que la magie blanche. Grantaire était un aventureux buveur de songes. La noirceur d'une ivresse redoutable entr'ouverte devant lui, loin de l'arrêter, l'attirait. Il avait laissé là les bouteilles et pris la chope. La chope, c'est le gouffre. N'ayant sous la main ni opium, ni haschich, et voulant s'emplir le cerveau de crépuscule, il avait eu recours à cet effrayant mélange d'eau-de-vie, de stout et d'absinthe qui produit des léthargies si terribles. C'est de ces trois vapeurs, bière, eau-de-vie, absinthe, qu'est fait le plomb de l'âme. Ce sont trois ténèbres ; le papillon céleste s'y noie ; et il s'y forme, dans une fumée membraneuse vaguement condensée en aile de chauve-souris, trois furies muettes, le Cauchemar, la Nuit, la Mort, voletant au-dessus de Psyché endormie.

Grantaire n'en était point encore à cette phase lugubre ; loin de là. Il était prodigieusement gai, et Bossuet et Joly lui donnaient la réplique. Ils trinquaient. Grantaire ajoutait à l'accentuation excentrique des mots et des idées la divagation du geste, il appuyait avec dignité son poing gauche sur son genou, son bras faisant l'équerre, et, la cravate défaite, à cheval sur un tabouret, son verre plein dans sa main droite, il jetait à la grosse servante Matelote ces paroles solennelles :

— Qu'on ouvre les portes du palais! que tout le monde soit de l'académie française, et ait le droit d'embrasser madame Hucheloup! buvons.

Et se tournant vers mame Hucheloup, il ajoutait :

— Femme antique et consacrée par l'usage, approche que je te contemple!

Et Joly s'écriait :

— Batelote et Gibelotte, de doddez plus à boire à Grantaire. Il bange des argents fous. Il a déjà dévoré depuis ce batin en prodigalités éperdues deux francs quatre-vingt-quinze centibes.

Et Grantaire reprenait :

— Qui donc a décroché les étoiles sans ma permission pour les mettre sur la table en guise de chandelles?

Bossuet, fort ivre, avait conservé son calme.

Il s'était assis sur l'appui de la fenêtre ouverte, mouillant son dos à la pluie qui tombait, et il contemplait ses deux amis.

Tout à coup il entendit derrière lui un tumulte, des pas précipités, des cris *aux armes !* Il se retourna, et aperçut, rue Saint-Denis, au bout de la rue de la Chanvrerie, Enjolras qui passait la carabine à la main, et Gavroche avec son pistolet, Feuilly avec son sabre, Courfeyrac avec son épée, Jean Prouvaire avec son mousqueton, Combeferre avec son fusil, Bahorel avec son fusil, et tout le rassemblement armé et orageux qui les suivait.

La rue de la Chanvrerie n'était guère longue que d'une portée de carabine. Bossuet improvisa avec ses deux mains un porte-voix autour de sa bouche, et cria :

— Courfeyrac ! Courfeyrac ! hohée !

Courfeyrac entendit l'appel, aperçut Bossuet, et fit quelques pas dans la rue de la Chanvrerie, en criant un : que veux-tu ? qui se croisa avec un : où vas-tu ?

— Faire une barricade, répondit Courfeyrac.

— Eh bien, ici ! la place est bonne ! fais-la ici !

— C'est vrai, Aigle, dit Courfeyrac.

Et sur un signe de Courfeyrac, l'attroupement se précipita rue de la Chanvrerie.

III

LA NUIT COMMENCE A SE FAIRE SUR GRANTAIRE

La place était en effet admirablement indiquée, l'entrée de la rue évasée, le fond rétréci et en cul-de-sac, Corinthe y faisant un étranglement, la rue Mondétour facile à barrer à droite et à gauche, aucune attaque possible que par la rue Saint-Denis, c'est-à-dire de front et à découvert. Bossuet gris avait eu le coup d'œil d'Annibal à jeun.

A l'irruption du rassemblement, l'épouvante

avait pris toute la rue. Pas un passant qui ne se fût éclipsé. Le temps d'un éclair, au fond, à droite, à gauche, boutiques, établis, portes d'allées, fenêtres, persiennes, mansardes, volets de toute dimension, s'étaient fermés depuis les rez-de-chaussée jusque sur les toits. Une vieille femme effrayée avait fixé un matelas devant sa fenêtre à deux perches à sécher le linge, afin d'amortir la mousqueterie. La maison du cabaret était seule restée ouverte; et cela par une bonne raison, c'est que l'attroupement s'y était rué. — Ah mon Dieu! Ah mon Dieu! soupirait mame Hucheloup.

Bossuet était descendu au-devant de Courfeyrac.

Joly, qui s'était mis à la fenêtre, cria :

— Courfeyrac, tu aurais dû prendre un parapluie. Tu vas t'enrhuber.

Cependant, en quelques minutes, vingt barres de fer avaient été arrachées de la devanture grillée du cabaret, dix toises de rue avaient été dépavées; Gavroche et Bahorel avaient saisi au passage et renversé le haquet d'un fabricant de chaux appelé Anceau, ce haquet contenait trois barriques pleines de chaux qu'ils avaient placées sous des piles de pavés; Enjolras avait levé la trappe de la cave et

toutes les futailles vides de la veuve Hucheloup
étaient allées flanquer les barriques de chaux;
Feuilly, avec ses doigts habitués à enluminer les
lames délicates des éventails, avait contre-buté les
barriques et le haquet de deux massives piles de
moellons. Moellons improvisés comme le reste, et
pris on ne sait où. Des poutres d'étai avaient été
arrachées à la façade d'une maison voisine et cou-
chées sur les futailles. Quand Bossuet et Courfeyrac
se retournèrent, la moitié de la rue était déjà barrée
d'un rempart plus haut qu'un homme. Rien n'est
tel que la main populaire pour bâtir tout ce qui se
bâtit en démolissant.

Matelote et Gibelotte s'étaient mêlées aux travailleurs. Gibelotte allait et venait chargée de gra-
vats. Sa lassitude aidait à la barricade. Elle servait
des pavés comme elle eût servi du vin, l'air endormi.

Un omnibus qui avait deux chevaux blancs passa
au bout de la rue.

Bossuet enjamba les pavés, courut, arrêta le co-
cher, fit descendre les voyageurs, donna la main
« aux dames, » congédia le conducteur, et revint
ramenant voiture et chevaux par la bride.

— Les omnibus, dit-il, ne passent pas devant Corinthe. *Non licet omnibus adire Corinthum.*

Un instant après, les chevaux dételés s'en allaient au hasard par la rue Mondétour et l'omnibus couché sur le flanc complétait le barrage de la rue.

Mame Hucheloup, bouleversée, s'était réfugiée au premier étage.

Elle avait l'œil vague et regardait sans voir, criant tout bas. Ses cris épouvantés n'osaient sortir de son gosier.

— C'est la fin du monde, murmurait-elle.

Joly déposait un baiser sur le gros cou rouge et ridé de mame Hucheloup et disait à Grantaire : — Mon cher, j'ai toujours considéré le cou d'une femme comme une chose infiniment délicate.

Mais Grantaire atteignait les plus hautes régions du dithyrambe. Matelote étant remontée au premier, Grantaire l'avait saisie par la taille et poussait à la fenêtre de longs éclats de rire.

— Matelote est laide! criait-il, Matelote est la laideur-rêve! Matelote est une chimère. Voici le secret de sa naissance : un pygmalion gothique qui faisait des gargouilles de cathédrales tomba un beau matin amoureux de l'une d'elles, la plus

horrible. Il supplia l'amour de l'animer, et cela fit
Matelote. Regardez-la, citoyens! elle a les cheveux couleur chromate de plomb comme la maîtresse du Titien, et c'est une bonne fille. Je vous
réponds qu'elle se battra bien. Toute bonne fille
contient un héros. Quant à la mère Hucheloup,
c'est une vieille brave. Voyez les moustaches
qu'elle a! elle les a héritées de son mari. Une hou-
sarde, quoi! elle se battra aussi. A elles deux elles
feront peur à la banlieue. Camarades, nous ren-
verserons le gouvernement, vrai comme il est vrai
qu'il existe quinze acides intermédiaires entre l'acide
margarique et l'acide formique; du reste cela m'est
parfaitement égal. Messieurs, mon père m'a toujours détesté parce que je ne pouvais comprendre
les mathématiques. Je ne comprends que l'amour et
la liberté. Je suis Grantaire le bon enfant! N'ayant
jamais eu d'argent, je n'en ai pas pris l'habitude,
ce qui fait que je n'en ai jamais manqué; mais si
j'avais été riche, il n'y aurait plus eu de pauvres! on
aurait vu! Oh! si les bons cœurs avaient les grosses
bourses! comme tout irait mieux! Je me figure Jé-
sus-Christ avec la fortune de Rothschild! Que de
bien il ferait! Matelote, embrassez-moi! Vous êtes

voluptueuse et timide! vous avez des joues qui appellent le baiser d'une sœur, et des lèvres qui réclament le baiser d'un amant.

— Tais-toi, futaille! dit Courfeyrac.

Grantaire répondit :

— Je suis capitoul et maître ès jeux floraux!

Enjolras qui était debout sur la crête du barrage, le fusil au poing, leva son beau visage austère. Enjolras, on le sait, tenait du spartiate et du puritain. Il fût mort aux Thermopyles avec Léonidas et eût brûlé Drogheda avec Cromwell.

— Grantaire! cria-t-il, va-t'en cuver ton vin hors d'ici. C'est la place de l'ivresse et non de l'ivrognerie. Ne déshonore pas la barricade!

Cette parole irritée produisit sur Grantaire un effet singulier. On eût dit qu'il recevait un verre d'eau froide à travers le visage. Il parut subitement dégrisé. Il s'assit, s'accouda sur une table près de la croisée, regarda Enjolras avec une inexprimable douceur, et lui dit :

— Laisse-moi dormir ici.

— Va dormir ailleurs, cria Enjolras.

Mais Grantaire, fixant toujours sur lui ses yeux tendres et troubles, répondit :

— Laisse-moi y dormir — jusqu'à ce que j'y meure.

Enjolras le considéra d'un œil dédaigneux :

— Grantaire, tu es incapable de croire, de penser, de vouloir, de vivre, et de mourir.

Grantaire répliqua d'une voix grave :

— Tu verras.

Il bégaya encore quelques mots inintelligibles, puis sa tête tomba pesamment sur la table, et, ce qui est un effet assez habituel de la seconde période de l'ébriété où Enjolras l'avait rudement et brusquement poussé, un instant après il était endormi.

IV

ESSAI DE CONSOLATION SUR LA VEUVE HUCHELOUP

Bahorel, extasié de la barricade, criait :
— Voilà la rue décolletée ! comme cela fait bien !
Courfeyrac, tout en démolissant un peu le cabaret, cherchait à consoler la veuve cabaretière.
— Mère Hucheloup, ne vous plaigniez-vous pas l'autre jour qu'on vous avait signifié procès-verbal et mise en contravention parce que Gibelotte avait secoué un tapis de lit par votre fenêtre ?

— Oui, mon bon monsieur Courfeyrac. Ah! mon Dieu, est-ce que vous allez me mettre aussi cette table-là dans votre horreur? Et même que, pour le tapis, et aussi pour un pot de fleurs qui était tombé de la mansarde dans la rue, le gouvernement m'a pris cent francs d'amende. Si ce n'est pas une abomination !

— Eh bien, mère Hucheloup, nous vous vengeons.

La mère Hucheloup, dans cette réparation qu'on lui faisait, ne semblait pas comprendre beaucoup son bénéfice. Elle était satisfaite à la manière de cette femme arabe qui, ayant reçu un soufflet de son mari, s'alla plaindre à son père, criant vengeance et disant : — Père, tu dois à mon mari affront pour affront. Le père demanda : — Sur quelle joue as-tu reçu le soufflet? — Sur la joue gauche. Le père souffleta la joue droite et dit : — Te voilà contente. Va dire à ton mari qu'il a souffleté ma fille, mais que j'ai souffleté sa femme.

La pluie avait cessé. Des recrues étaient arrivées. Des ouvriers avaient apporté sous leurs blouses un baril de poudre, un panier contenant des bouteilles de vitriol, deux ou trois torches de carnaval et une bourriche pleine de lampions « restés de la fête du roi. » Laquelle fête était toute récente, ayant eu lieu le 1ᵉʳ mai. On disait que ces munitions venaient de la part d'un épicier du faubourg Saint-Antoine nommé Pépin. On brisait l'unique réverbère de la rue de la Chanvrerie, la lanterne correspondante de la rue Saint-Denis, et toutes les lanternes des rues circonvoisines, de Mondétour, du Cygne, des Prêcheurs, et de la Grande et de la Petite-Truanderie.

Enjolras, Combeferre et Courfeyrac dirigeaient tout. Maintenant deux barricades se construisaient en même temps, toutes deux appuyées à la maison de Corinthe et faisant équerre; la plus grande fermait la rue de la Chanvrerie, l'autre fermait la rue Mondétour du côté de la rue du Cygne. Cette dernière barricade, très-étroite, n'était construite que de tonneaux et de pavés. Ils étaient là environ cinquante travailleurs; une trentaine armés de fusils; car, chemin faisant, ils avaient fait un emprunt en bloc à une boutique d'armurier.

Rien de plus bizarre et de plus bigarré que cette troupe. L'un avait un habit-veste, un sabre de cavalerie et deux pistolets d'arçon, un autre était en manches de chemise avec un chapeau rond et une poire à poudre pendue au côté, un troisième était plastronné de neuf feuilles de papier gris et armé d'une alène de sellier. Il y en avait un qui criait : *Exterminons jusqu'au dernier et mourons au bout de notre baïonnette!* Celui-là n'avait pas de baïonnette. Un autre étalait par-dessus sa redingote une buffleterie et une giberne de garde national avec le couvre-giberne orné de cette inscription en laine rouge : *Ordre public*. Force fusils portant des numéros de légions, peu de chapeaux, point de cravates, beaucoup de bras nus, quelques piques. Ajoutez à cela tous les âges, tous les visages, de petits jeunes gens pâles, des ouvriers du port bronzés. Tous se hâtaient ; et, tout en s'entr'aidant, on causait des chances possibles, — qu'on aurait des secours vers trois heures du matin, — qu'on était sûr d'un régiment, — que Paris se soulèverait. Propos terribles auxquels se mêlait une sorte de jovialité cordiale. On eût dit des frères, ils ne savaient pas les noms les uns des autres. Les grands périls ont cela de beau qu'ils mettent en lumière la fraternité des inconnus.

Un feu avait été allumé dans la cuisine et l'on y fondait dans un moule à balles brocs, cuillères, fourchettes, toute l'argenterie d'étain du cabaret. On buvait à travers tout cela. Les capsules et les chevrotines traînaient pêle-mêle sur les tables avec les verres de vin. Dans la salle de billard, mame Hucheloup, Matelote et Gibelotte, diversement modifiées par la terreur, dont l'une était abrutie, l'autre essoufflée, l'autre éveillée, déchiraient de vieux torchons et faisaient de la charpie; trois insurgés les assistaient, trois gaillards chevelus, barbus et moustachus qui épluchaient la toile avec des doigts de lingère et qui les faisaient trembler.

L'homme de haute stature que Courfeyrac, Combeferre et Enjolras avaient remarqué, à l'instant où il abordait l'attroupement au coin de la rue des Billettes, travaillait à la petite barricade et s'y rendait utile. Gavroche travaillait à la grande. Quant au jeune homme qui avait attendu Courfeyrac chez lui et lui avait demandé monsieur Marius, il avait disparu à peu près vers le moment où l'on avait renversé l'omnibus.

Gavroche, complétement envolé et radieux, s'était chargé de la mise en train. Il allait, venait, montait, descendait, remontait, bruissait, étincelait. Il semblait être là pour l'encouragement de tous.

Avait-il un aiguillon? oui certes, sa misère ; avait-il
des ailes? oui certes, sa joie. Gavroche était un
tourbillonnement. On le voyait sans cesse, on l'entendait toujours. Il remplissait l'air, étant partout
à la fois. C'était une espèce d'ubiquité presque
irritante ; pas d'arrêt possible avec lui. L'énorme
barricade le sentait sur sa croupe. Il gênait les flâneurs, il excitait les paresseux, il ranimait les fati-
gués, il impatientait les pensifs, mettait les uns en
gaieté, les autres en haleine, les autres en colère,
tous en mouvement, piquait un étudiant, mordait
un ouvrier ; se posait, s'arrêtait, repartait, volait
au-dessus du tumulte et de l'effort, sautait de ceux-
ci à ceux-là, murmurait, bourdonnait, et harcelait
tout l'attelage ; mouche de l'immense Coche révolutionnaire.

Le mouvement perpétuel était dans ses petits
bras et la clameur perpétuelle dans ses petits pou-
mons :

— Hardi! encore des pavés! encore des tonneaux! encore des machins! où y en a-t-il? Une
hottée de plâtras pour me boucher ce trou-là. C'est
tout petit, votre barricade. Il faut que ça monte.
Mettez-y tout, flanquez-y tout, fichez-y tout. Cassez

la maison. Une barricade, c'est le thé de la mère Gibou. Tenez, voilà une porte vitrée.

Ceci fit exclamer les travailleurs.

— Une porte vitrée! qu'est-ce que tu veux qu'on fasse d'une porte vitrée, tubercule?

— Hercules vous-mêmes! riposta Gavroche. Une porte vitrée dans une barricade, c'est excellent. Ça n'empêche pas de l'attaquer, mais ça gêne pour la prendre. Vous n'avez donc jamais chipé des pommes par-dessus un mur où il y avait des culs de bouteilles? Une porte vitrée, ça coupe les cors aux pieds de la garde nationale quand elle veut monter sur la barricade. Pardi! le verre est traître. Ah çà, vous n'avez pas une imagination effrénée, mes camarades.

Du reste, il était furieux de son pistolet sans chien. Il allait de l'un à l'autre, réclamant : — Un fusil! je veux un fusil! Pourquoi ne me donne-t-on pas un fusil?

— Un fusil à toi! dit Combeferre.

— Tiens! répliqua Gavroche, pourquoi pas? j'en ai bien eu un en 1830 quand on s'est disputé avec Charles X!

Enjolras haussa les épaules.

— Quand il y en aura pour les hommes, on en donnera aux enfants.

Gavroche se tourna fièrement, et lui répondit :

— Si tu es tué avant moi, je te prends le tien.

— Gamin! dit Enjolras.

— Blanc-bec! dit Gavroche.

Un élégant fourvoyé qui flânait au bout de la rue, fit diversion.

Gavroche lui cria :

— Venez avec nous, jeune homme! Eh bien, cette vieille patrie, on ne fait donc rien pour elle?

L'élégant s'enfuit.

V

LES PRÉPARATIFS

Les journaux du temps qui ont dit que la barricade de la rue de la Chanvrerie, cette *construction presque inexpugnable,* comme ils l'appellent, atteignait au niveau d'un premier étage, se sont trompés. Le fait est qu'elle ne dépassait pas une hauteur moyenne de six ou sept pieds. Elle était bâtie de manière que les combattants pouvaient, à volonté, ou disparaître derrière, ou dominer le barrage et même en escalader la crête au moyen d'une quadruple rangée de pavés superposés et arrangés en gradins à l'intérieur. Au dehors le front de la barricade, composé de piles de pavés et de tonneaux reliées par des poutres et des planches qui s'enchevêtraient dans les roues de la charrette Anceau et de l'omnibus renversé, avait un aspect hérissé et inextricable.

Une coupure suffisante pour qu'un homme y pût passer avait été ménagée entre le mur des maisons et l'extrémité de la barricade la plus éloignée du cabaret, de façon qu'une sortie était possible. La flèche de l'omnibus était dressée droite et maintenue avec des cordes, et un drapeau rouge, fixé à cette flèche, flottait sur la barricade.

La petite barricade Mondétour, cachée derrière la maison du cabaret, ne s'apercevait pas. Les deux barricades réunies formaient une véritable redoute. Enjolras et Courfeyrac n'avaient pas jugé à propos de barricader l'autre tronçon de la rue Mondétour qui ouvre par la rue des Prêcheurs une issue sur les halles, voulant sans doute conserver une communication possible avec le dehors et redoutant peu d'être attaqués par la dangereuse et difficile ruelle des Prêcheurs.

A cela près de cette issue restée libre, qui constituait ce que Folard, dans son style stratégique, eût appelé un boyau, et en tenant compte aussi de la coupure exiguë ménagée sur la rue de la Chanvrerie, l'intérieur de la barricade, où le cabaret faisait un angle saillant, présentait un quadrilatère irrégulier fermé de toutes parts. Il y avait une vingtaine de pas d'intervalle entre le grand barrage et les hautes maisons qui formaient le fond de la rue, en sorte qu'on pouvait dire que la barricade était adossée à ces maisons, toutes habitées, mais closes du haut en bas.

Tout ce travail se fit sans empêchement en moins d'une heure et sans que cette poignée d'hommes hardis vît surgir un bonnet à poil ni une baïonnette. Les bourgeois peu fréquents qui se hasardaient encore à ce moment de l'émeute dans la rue Saint-Denis jetaient un coup d'œil rue de la Chanvrerie, apercevaient la barricade, et doublaient le pas.

Les deux barricades terminées, le drapeau arboré, on traîna une table hors du cabaret; et Courfeyrac monta sur la table. Enjolras apporta le coffre carré et Courfeyrac l'ouvrit. Ce coffre était rempli de cartouches. Quand on vit les cartouches, il y eut un tressaillement parmi les plus braves et un moment de silence.

Courfeyrac les distribua en souriant.

Chacun reçut trente cartouches. Beaucoup avaient de la poudre et se mirent à en faire d'autres avec les balles qu'on fondait. Quant au baril de poudre, il était sur une table à part, près de la porte, et on le réserva.

Le rappel, qui parcourait tout Paris, ne discontinuait pas, mais cela avait fini par ne plus être qu'un bruit monotone auquel ils ne faisaient plus attention. Ce bruit tantôt s'éloignait, tantôt s'approchait, avec des ondulations lugubres.

On chargea les fusils et les carabines, tous ensemble, sans précipitation, avec une gravité solennelle. Enjolras alla placer trois sentinelles hors des barricades, l'une rue de la Chanvrerie, la seconde rue des Prêcheurs, la troisième au coin de la Petite-Truanderie.

Puis, les barricades bâties, les postes assignés, les fusils chargés, les vedettes posées, seuls dans ces rues redoutables où personne ne passait plus, entourés de ces maisons muettes et comme mortes où ne palpitait aucun mouvement humain, enveloppés des ombres croissantes du crépuscule qui commençait, au milieu de cette obscurité et de ce silence où l'on sentait s'avancer quelque chose et qui avait je ne sais quoi de tragique et de terrifiant, isolés, armés, déterminés, tranquilles, ils attendirent.

VI

EN ATTENDANT

Dans ces heures d'attente, que firent-ils?

Il faut bien que nous le disions, puisque ceci est de l'histoire.

Tandis que les hommes faisaient des cartouches et les femmes de la charpie, tandis qu'une large casserole, pleine d'étain et de plomb fondu destiné au moule à balles, fumait sur un réchaud ardent, pendant que les vedettes veillaient l'arme au bras sur la barricade, pendant qu'Enjolras, impossible à distraire, veillait sur les vedettes, Combeferre, Courfeyrac, Jean Prouvaire, Feuilly, Bossuet, Joly, Bahorel, quelques autres encore, se cherchèrent et se réunirent, comme aux plus paisibles jours de leurs causeries d'écoliers, et dans un coin de ce cabaret changé en casemate, à deux pas de la redoute qu'ils avaient élevée, leurs carabines amorcées et chargées appuyées au dossier de leur chaise, ces beaux jeunes gens, si voisins d'une heure suprême, se mirent à dire des vers d'amour.

Quels vers? Les voici :

> Vous rappelez-vous notre douce vie,
> Lorsque nous étions si jeunes tous deux,
> Et que nous n'avions au cœur d'autre envie
> Que d'être bien mis et d'être amoureux;
>
> Lorsqu'en ajoutant votre âge à mon âge,
> Nous ne comptions pas à deux quarante ans,
> Et que, dans'notre humble et petit menage,
> Tout, même l'hiver, nous etait printemps?
>
> Beaux jours! Manuel était fier et sage,
> Paris s'asseyait à de saints banquets,
> Foy lançait la foudre, et votre corsage
> Avait une épingle où je me piquais.

Tout vous contemplait. Avocat sans causes,
Quand je vous menais au Prado dîner,
Vous étiez jolie au point que les roses
Me faisaient l'effet de se retourner.

Je les entendais dire : Est-elle belle !
Comme elle sent bon ! quels cheveux à flots !
Sous son mantelet elle cache une aile ;
Son bonnet charmant est à peine éclos.

J'errais avec toi, pressant ton bras souple.
Les passants croyaient que l'amour charmé
Avait marié, dans notre heureux couple,
Le doux mois d'avril au beau mois de mai.

Nous vivions cachés, contents, porte close,
Dévorant l'amour, bon fruit défendu ;
Ma bouche n'avait pas dit une chose
Que déjà ton cœur avait répondu.

La Sorbonne était l'endroit bucolique
Où je t'adorais du soir au matin.
C'est ainsi qu'une âme amoureuse applique
La carte du Tendre au pays latin.

O place Maubert! O place Dauphine!
Quand, dans le taudis frais et printanier,
Tu tirais ton bas sur ta jambe fine,
Je voyais un astre au fond du grenier.

J'ai fort lu Platon, mais rien ne m'en reste;
Mieux que Malebranche et que Lamennais
Tu me démontrais la bonté céleste
Avec une fleur que tu me donnais.

Je t'obéissais, tu m'étais soumise.
O grenier doré! te lacer! te voir
Aller et venir dès l'aube en chemise,
Mirant ton front jeune à ton vieux miroir!

Et qui donc pourrait perdre la mémoire
De ces temps d'aurore et de firmament,
De rubans, de fleurs, de gaze et de moire,
Où l'amour bégaye un argot charmant?

Nos jardins étaient un pot de tulipe;
Tu masquais la vitre avec un jupon;
Je prenais le bol de terre de pipe,
Et je te donnais la tasse en japon.

Et ces grands malheurs qui nous faisaient rire!
Ton manchon brûlé, ton boa perdu!
Et ce cher portrait du divin Shakspeare
Qu'un soir pour souper nous avons vendu!

J'étais mendiant, et toi charitable.
Je baisais au vol tes bras frais et ronds.
Dante in-folio nous servait de table
Pour manger gaîment un cent de marrons.

La première fois qu'en mon joyeux bouge
Je pris un baiser à ta lèvre en feu,
Quand tu t'en allas décoiffée et rouge,
Je restai tout pâle et je crus en Dieu !

Te rappelles-tu nos bonheurs sans nombre,
Et tous ces fichus changés en chiffons ?
Oh ! que de soupirs, de nos cœurs pleins d'ombre,
Se sont envolés dans les cieux profonds !

L'heure, le lieu, ces souvenirs de jeunesse rappelés, quelques étoiles qui commençaient à briller au ciel, le repos funèbre de ces rues désertes, l'imminence de l'aventure inexorable qui se préparait, donnaient un charme pathétique à ces vers murmurés à demi-voix dans le crépuscule par Jean Prouvaire qui, nous l'avons dit, était un doux poëte.

Cependant on avait allumé un lampion dans la petite barricade, et, dans la grande, une de ces torches de cire comme on en rencontre le mardi gras en avant des voitures chargées de masques qui vont à la Courtille. Ces torches, on l'a vu, venaient du faubourg Saint-Antoine.

La torche avait été placée dans une espèce de cage de pavés fermée de trois côtés pour l'abriter du vent, et disposée de façon que toute la lumière tombait sur le drapeau. La rue et la barricade restaient plongées dans l'obscurité, et l'on ne voyait rien que le drapeau rouge formidablement éclairé comme par une énorme lanterne sourde.

Cette lumière ajoutait à l'écarlate du drapeau je ne sais quelle pourpre terrible.

VIJ

L'HOMME RECRUTÉ RUE DES BILLETTES

La nuit était tout à fait tombée, rien ne venait. On n'entendait que des rumeurs confuses, et par instants des fusillades; mais rares, peu nourries et lointaines. Ce répit, qui se prolongeait, était signe que le gouvernement prenait son temps et ramassait ses forces. Ces cinquante hommes en attendaient soixante mille.

Enjolras se sentit pris de cette impatience qui saisit les âmes fortes au seuil des événements redoutables. Il alla trouver Gavroche qui s'était mis à fabriquer des cartouches dans la salle basse à la clarté douteuse de deux chandelles, posées sur le comptoir par précaution à cause de la poudre répandue sur les tables. Ces deux chandelles ne jetaient aucun rayonnement au dehors. Les insurgés en outre avaient eu soin de ne point allumer de lumière dans les étages supérieurs.

Gavroche en ce moment était fort préoccupé, non pas précisément de ses cartouches.

L'homme de la rue des Billettes venait d'entrer dans la salle basse et était allé s'asseoir à la table la moins éclairée. Il lui était échu un fusil de munition grand modèle, qu'il tenait entre ses jambes. Gavroche jusqu'à cet instant, distrait par cent choses « amusantes, » n'avait pas même vu cet homme.

Lorsqu'il entra, Gavroche le suivit machinalement des yeux, admirant son fusil, puis, brusquement, quand l'homme fut assis, le gamin se leva. Ceux qui auraient épié l'homme jusqu'à ce moment l'auraient vu tout observer dans la barricade et dans la bande des insurgés avec une attention singulière; mais depuis qu'il était entré dans la

salle, il avait été pris d'une sorte de recueillement
et semblait ne plus rien voir de ce qui se passait.
Le gamin s'approcha de ce personnage pensif et
se mit à tourner autour de lui sur la pointe du pied
comme on marche auprès de quelqu'un qu'on
craint de réveiller. En même temps, sur son visage enfantin, à la fois si effronté et si sérieux,
si évaporé et si profond, si gai et si navrant, passaient toutes ces grimaces de vieux qui signifient : — Ah bah! — pas possible! — j'ai la
berlue! — je rêve! — est-ce que ce serait?... —
non, ce n'est pas! — mais si! — mais non! etc.
Gavroche se balançait sur ses talons, crispait ses
deux poings dans ses poches, remuait le cou
comme un oiseau, dépensait en une lippe démesurée toute la sagacité de sa lèvre inférieure.
Il était stupéfait, incertain, incrédule, convaincu,
ébloui. Il avait la mine du chef des eunuques
au marché des esclaves découvrant une Vénus
parmi des dondons, et l'air d'un amateur reconnaissant un Raphaël dans un tas de croûtes.
Tout chez lui était en travail, l'instinct qui flaire et
l'intelligence qui combine. Il était évident qu'il
arrivait un événement à Gavroche.

C'est au plus fort de cette préoccupation qu'Enjolras l'aborda.

— Tu es petit, dit Enjolras, on ne te verra pas. Sors des barricades, glisse-toi le long des maisons, va un peu partout par les rues, et reviens me dire ce qui se passe.

Gavroche se haussa sur ses hanches.

— Les petits sont donc bons à quelque chose ! c'est bien heureux ! J'y vas ! En attendant fiez-vous aux petits, méfiez-vous des grands... — Et Gavroche, levant la tête et baissant la voix, ajouta, en désignant l'homme de la rue des Billettes :

— Vous voyez bien ce grand-là ?

— Eh bien ?

— C'est un mouchard.

— Tu es sûr ?

— Il n'y a pas quinze jours qu'il m'a enlevé par l'oreille de la corniche du pont Royal où je prenais l'air.

Enjolras quitta vivement le gamin et murmura quelques mots très-bas à un ouvrier du port aux vins qui se trouvait là. L'ouvrier sortit de la salle et y rentra presque tout de suite accompagné de trois autres. Les quatre hommes, quatre portefaix aux larges épaules, allèrent se placer, sans rien faire qui pût attirer son attention, derrière la table où était accoudé l'homme de la rue des Billettes. Ils étaient visiblement prêts à se jeter sur lui.

Alors Enjolras s'approcha de l'homme et lui demanda :

— Qui êtes-vous ?

A cette question brusque, l'homme eut un soubresaut. Il plongea son regard jusqu'au fond de la prunelle candide d'Enjolras et parut y saisir sa pensée. Il sourit d'un sourire qui était tout ce qu'on peut voir au monde de plus dédaigneux, de plus énergique et de plus résolu, et répondit avec une gravité hautaine :

— Je vois ce que c'est... Eh bien, oui !

— Vous êtes mouchard ?

— Je suis agent de l'autorité.

— Vous vous appelez ?

— Javert.

Enjolras fit signe aux quatre hommes. En un clin d'œil, avant que Javert eût eu le temps de se retourner, il fut colleté, terrassé, garrotté, fouillé.

On trouva sur lui une petite carte ronde collée

entre deux verres et portant d'un côté les armes de France, gravées, avec cette légende : *Surveillance et vigilance*, et de l'autre côté cette mention : Javert, inspecteur de police, âgé de cinquante-deux ans, et la signature du préfet de police d'alors, M. Gisquet.

Il avait en outre sa montre et sa bourse, qui contenait quelques pièces d'or. On lui laissa la bourse et la montre. Derrière la montre, au fond du gousset, on tâta et l'on saisit un papier sous enveloppe qu'Enjolras déplia et où il lut ces cinq lignes écrites de la main même du préfet de police :

« Sitôt sa mission politique remplie, l'inspecteur « Javert s'assurera, par une surveillance spéciale, « s'il est vrai que des malfaiteurs aient des allures « sur la berge de la rive droite de la Seine, près « le pont d'Iéna. »

Le fouillage terminé, on redressa Javert, on lui noua les bras derrière le dos et on l'attacha au milieu de la salle basse à ce poteau célèbre qui avait jadis donné son nom au cabaret.

Gavroche, qui avait assisté à toute la scène et tout approuvé d'un hochement de tête silencieux, s'approcha de Javert et lui dit :

— C'est la souris qui a pris le chat.

Tout cela s'était exécuté si rapidement que c'était fini quand on s'en aperçut autour du cabaret. Javert n'avait pas jeté un cri. En voyant Javert lié au poteau, Courfeyrac, Bossuet, Joly, Combeferre, et les hommes dispersés dans les deux barricades, accoururent.

Javert, adossé au poteau, et si entouré de cordes qu'il ne pouvait faire un mouvement, levait la tête avec la sérénité intrépide de l'homme qui n'a jamais menti.

— C'est un mouchard, dit Enjolras.

Et se tournant vers Javert :

— Vous serez fusillé dix minutes avant que la barricade soit prise.

Javert répliqua de son accent le plus impérieux :

— Pourquoi pas tout de suite?

— Nous ménageons la poudre.

— Alors finissez-en d'un coup de couteau.

— Mouchard, dit le bel Enjolras, nous sommes des juges et non des assassins.

Puis il appela Gavroche.

— Toi! va à ton affaire! Fais ce que je t'ai dit.

— J'y vas, cria Gavroche.

Et s'arrêtant au moment de partir :

— A propos, vous me donnerez son fusil ! Et il ajouta : Je vous laisse le musicien, mais je veux la clarinette.

Le gamin fit le salut militaire et franchit gaiement la coupure de la grande barricade.

VIII

PLUSIEURS POINTS D'INTERROGATION
A PROPOS D'UN NOMMÉ LE CABUC
QUI NE SE NOMMAIT PEUT-ÊTRE PAS LE CABUC

La peinture tragique que nous avons entreprise ne serait pas complète, le lecteur ne verrait pas dans leur relief exact et réel ces grandes minutes de gésine sociale et d'enfantement révolutionnaire où il y a de la convulsion mêlée à l'effort, si nous omettions, dans l'esquisse ébauchée ici, un incident plein d'une horreur épique et farouche qui survint presque aussitôt après le départ de Gavroche.

Les attroupements, comme on sait, font boule de neige et agglomèrent en roulant un tas d'hommes tumultueux. Ces hommes ne se demandent pas entre eux d'où ils viennent. Parmi les passants qui s'étaient réunis au rassemblement conduit par Enjolras, Combeferre et Courfeyrac, il y avait un être portant la veste du portefaix usée aux épaules, qui gesticulait et vociférait et avait la mine d'une espèce d'ivrogne sauvage. Cet homme, un nommé ou surnommé Le Cabuc, et du reste tout à fait inconnu de ceux qui prétendaient le connaître, très-ivre, ou faisant semblant, s'était attablé avec quelques autres à une table qu'ils avaient tirée en dehors du cabaret. Ce Cabuc, tout en faisant boire ceux qui lui tenaient tête, semblait considérer d'un air de réflexion la grande maison du fond de la barricade dont les cinq étages dominaient toute la rue et faisaient face à la rue Saint-Denis. Tout à coup il s'écria :

— Camarades, savez-vous? c'est de cette maison-là qu'il faudrait tirer. Quand nous serons là aux croisées, du diable si quelqu'un avance dans la rue !

— Oui, mais la maison est fermée, dit un des buveurs.

— Cognons!

— On n'ouvrira pas.

— Enfonçons la porte!

Le Cabuc court à la porte qui avait un marteau fort massif, et frappe. La porte ne s'ouvre pas. Il frappe un second coup. Personne ne répond. Un troisième coup. Même silence.

— Y a-t-il quelqu'un ici? crie Le Cabuc.

Rien ne bouge.

Alors il saisit un fusil et commence à battre la porte à coups de crosse. C'était une vieille porte d'allée, cintrée, basse, étroite, solide, tout en chêne, doublée à l'intérieur d'une feuille de tôle et d'une armature de fer, une vraie poterne de bastille. Les coups de crosse faisaient trembler la maison, mais n'ébranlaient pas la porte.

Toutefois il est probable que les habitants s'étaient émus, car on vit enfin s'éclairer et s'ouvrir une petite lucarne carrée au troisième étage, et apparaître à cette lucarne une chandelle et la tête béate et effrayée d'un bonhomme en cheveux gris qui était le portier.

L'homme qui cognait s'interrompit.

— Messieurs, demanda le portier, que désirez-vous ?

Ouvre ! dit Le Cabuc.

— Messieurs, cela ne se peut pas.

— Ouvre toujours !

— Impossible, messieurs !

Le Cabuc prit son fusil et coucha en joue le portier ; mais comme il était en bas, et qu'il faisait très-noir, le portier ne le vit point.

— Oui ou non, veux-tu ouvrir ?

— Non, messieurs !

— Tu dis non ?

— Je dis non, mes bons...

Le portier n'acheva pas. Le coup de fusil était lâché ; la balle lui était entrée sous le menton et était sortie par la nuque après avoir traversé la jugulaire. Le vieillard s'affaissa sur lui-même sans pousser un soupir. La chandelle tomba et s'éteignit, et l'on ne vit plus rien qu'une tête immobile posée au bord de la lucarne et un peu de fumée blanchâtre qui s'en allait vers le toit.

— Voilà ! dit Le Cabuc en laissant retomber sur le pavé la crosse de son fusil.

Il avait à peine prononcé ce mot qu'il sentit une main qui se posait sur son épaule avec la pesanteur d'une serre d'aigle, et il entendit une voix qui lui disait : •

— A genoux.

Le meurtrier se retourna et vit devant lui la figure blanche et froide d'Enjolras. Enjolras avait un pistolet à la main.

A la détonation, il était arrivé.

Il avait empoigné de sa main gauche le collet, la blouse, la chemise et la bretelle du Cabuc.

— A genoux, répéta-t-il.

Et d'un mouvement souverain le frêle jeune homme de vingt ans plia comme un roseau le crocheteur trapu et robuste et l'agenouilla dans la boue. Le Cabuc essaya de résister, mais il semblait qu'il eût été saisi par un poing surhumain.

Pâle, le cou nu, les cheveux épars, Enjolras, avec son visage de femme, avait en ce moment je ne sais quoi de la Thémis antique. Ses narines gonflées, ses yeux baissés donnaient à son implacable profil grec cette expression de colère et cette expression de chasteté qui, au point de vue de l'ancien monde, conviennent à la justice.

Toute la barricade était accourue, puis tous s'étaient rangés en cercle à distance, sentant qu'il était impossible de prononcer une parole devant la chose qu'ils allaient voir.

Le Cabuc, vaincu, n'essayait plus de se débattre et tremblait de tous ses membres. Enjolras le lâcha et tira sa montre.

— Recueille-toi, dit-il. Prie ou pense. Tu as une minute.

— Grâce! murmura le meurtrier, puis il baissa la tête et balbutia quelques jurements inarticulés.

Enjolras ne quitta pas la montre des yeux; il laissa passer la minute, puis il remit la montre dans son gousset. Cela fait, il prit par les cheveux Le Cabuc qui se pelotonnait contre ses genoux en hurlant et lui appuya sur l'oreille le canon de son pistolet. Beaucoup de ces hommes intrépides, qui étaient si tranquillement entrés dans la plus effrayante des aventures, détournèrent la tête.

On entendit l'explosion, l'assassin tomba sur le pavé le front en avant, et Enjolras se redressa et promena autour de lui son regard convaincu et sévère.

Puis il poussa du pied le cadavre et dit :

— Jetez cela dehors.

Trois hommes soulevèrent le corps du misérable qu'agitaient les dernières convulsions machinales de la vie expirée, et le jetèrent par-dessus la petite barricade dans la ruelle Mondétour.

Enjolras était demeuré pensif. On ne sait quelles ténèbres grandioses se répandaient lentement sur sa redoutable sérénité. Tout à coup il éleva la voix. On fit silence.

— Citoyens, dit Enjolras, ce que cet homme a fait est effroyable et ce que j'ai fait est horrible. Il a tué, c'est pourquoi je l'ai tué. J'ai dû le faire, car l'insurrection doit avoir sa discipline. L'assassinat est encore plus un crime ici qu'ailleurs ; nous sommes sous le regard de la révolution, nous sommes les prêtres de la république, nous sommes les hosties du devoir, et il ne faut pas qu'on puisse calomnier notre combat. J'ai donc jugé et condamné à mort cet homme. Quant à moi, contraint de faire ce que j'ai fait, mais l'abhorrant, je me suis jugé aussi, et vous verrez tout à l'heure à quoi je me suis condamné.

Ceux qui écoutaient tressaillirent.

— Nous partagerons ton sort, cria Combeferre.

— Soit, reprit Enjolras. Encore un mot. En

exécutant cet homme, j'ai obéi à la nécessité ; mais la nécessité est un monstre du vieux monde, la nécessité s'appelle Fatalité. Or, la loi du progrès, c'est que les monstres disparaissent devant les anges, et que la Fatalité s'évanouisse devant la Fraternité. C'est un mauvais moment pour prononcer le mot amour. N'importe, je le prononce, et je le glorifie. Amour, tu as l'avenir. Mort, je me sers de toi, mais je te hais. Citoyens, il n'y aura dans l'avenir ni ténèbres, ni coups de foudre; ni ignorance féroce, ni talion sanglant. Comme il n'y aura plus de Satan, il n'y aura plus de Michel. Dans l'avenir personne ne tuera personne, la terre rayonnera, le genre humain aimera. Il viendra, citoyens, ce jour où tout sera concorde, harmonie, lumière, joie et vie, il viendra, et c'est pour qu'il vienne que nous allons mourir.

Enjolras se tut. Ses lèvres de vierge se refermèrent; et il resta quelque temps debout à l'endroit où il avait versé le sang, dans une immobilité de marbre. Son œil fixe faisait qu'on parlait bas autour de lui.

Jean Prouvaire et Combeferre se serraient la main silencieusement, et, appuyés l'un sur l'autre dans l'angle de la barricade, considéraient avec une admiration où il y avait de la compassion ce grave jeune homme, bourreau et prêtre, de lumière comme le cristal, et de roche aussi.

Disons tout de suite que plus tard, après l'action, quand les cadavres furent portés à la morgue et fouillés, on trouva sur Le Cabuc une carte d'agent de police. L'auteur de ce livre a eu entre les mains, en 1848, le rapport spécial fait à ce sujet au préfet de police de 1832.

Ajoutons que, s'il faut en croire une tradition de police étrange, mais probablement fondée, Le Cabuc, c'était Claquesous. Le fait est qu'à partir de la mort du Cabuc, il ne fut plus question de Claquesous. Claquesous n'a laissé nulle trace de sa disparition; il semblerait s'être amalgamé à l'invisible. Sa vie avait été ténèbres, sa fin fut nuit.

Tout le groupe insurgé était encore dans l'émotion de ce procès tragique si vite instruit et si vite terminé, quand Courfeyrac revit dans la barricade le petit jeune homme qui le matin avait demandé chez lui Marius.

Ce garçon, qui avait l'air hardi et insouciant, était venu à la nuit rejoindre les insurgés.

LIVRE TREIZIÈME

MARIUS ENTRE DANS L'OMBRE

I

DE LA RUE PLUMET AU QUARTIER SAINT-DENIS

Cette voix qui à travers le crépuscule avait appelé Marius à la barricade de la rue de la Chanvrerie lui avait fait l'effet de la voix de la destinée. Il voulait mourir, l'occasion s'offrait; il frappait à la porte du tombeau, une main dans l'ombre lui en tendait la clef. Ces lugubres ouvertures qui se font dans les ténèbres devant le désespoir sont tentantes. Marius écarta la grille qui l'avait tant de fois laissé passer, sortit du jardin, et dit : allons!

Fou de douleur, ne se sentant plus rien de fixe et de solide dans le cerveau, incapable de rien accepter désormais du sort après ces deux mois passés dans les enivrements de la jeunesse et de l'amour, accablé à la fois par toutes les rêveries du désespoir, il n'avait plus qu'un désir : en finir bien vite.

Il se mit à marcher rapidement. Il se trouvait précisément qu'il était armé, ayant sur lui les pistolets de Javert.

Le jeune homme qu'il avait cru apercevoir s'était perdu à ses yeux dans les rues.

Marius, qui était sorti de la rue Plumet par le boulevard, traversa l'Esplanade et le pont des Invalides, les Champs-Élysées, la place Louis XV, et gagna la rue de Rivoli. Les magasins y étaient ouverts, le gaz y brûlait sous les arcades, les femmes achetaient dans les boutiques, on prenait des glaces au café Laiter, on mangeait des petits gâteaux à la Pâtisserie-Anglaise. Seulement quelques chaises de poste partaient au galop de l'hôtel des Princes et de l'hôtel Meurice.

Marius entra par le passage Delorme dans la rue

Saint-Honoré. Les boutiques y étaient fermées, les marchands causaient devant leurs portes entr'ouvertes, les passants circulaient, les réverbères étaient allumés, à partir du premier étage toutes les croisées étaient éclairées comme à l'ordinaire. Il y avait de la cavalerie sur la place du Palais-Royal.

Marius suivit la rue Saint-Honoré. A mesure qu'il s'éloignait du Palais-Royal, il y avait moins de fenêtres éclairées ; les boutiques étaient tout à fait closes, personne ne causait sur les seuils, la rue s'assombrissait et en même temps la foule s'épaississait. Car les passants maintenant étaient une foule. On ne voyait personne parler dans cette foule, et pourtant il en sortait un bourdonnement sourd et profond.

Vers la fontaine de l'Arbre-Sec, il y avait « des rassemblements, » espèces de groupes immobiles et sombres qui étaient parmi les allants et venants comme des pierres au milieu d'une eau courante.

A l'entrée de la rue des Prouvaires, la foule ne marchait plus. C'était un bloc résistant, massif, solide, compacte, presque impénétrable, de gens entassés qui s'entretenaient tout bas. Il n'y avait là presque plus d'habits noirs ni de chapeaux ronds. Des sarraus, des blouses, des casquettes, des têtes hérissées et terreuses. Cette multitude ondulait confusément dans la brume nocturne. Son chuchotement avait l'accent rauque d'un frémissement. Quoique pas un ne marchât, on entendait un piétinement dans la boue. Au delà de cette épaisseur de foule, dans la rue du Roule, dans la rue des Prouvaires, et dans le prolongement de la rue Saint-Honoré, il n'y avait plus une seule vitre où brillât une chandelle. On voyait s'enfoncer dans ces rues les files solitaires et décroissantes des lanternes. Les lanternes de ce temps-là ressemblaient à de grosses étoiles rouges pendues à des cordes et jetaient sur le pavé une ombre qui avait la forme d'une grande araignée. Ces rues n'étaient pas désertes. On y distinguait des fusils en faisceaux, des baïonnettes remuées et des troupes bivouaquant. Aucun curieux ne dépassait cette limite. Là cessait la circulation. Là finissait la foule et commençait l'armée.

Marius voulait avec la volonté de l'homme qui n'espère plus. On l'avait appelé, il fallait qu'il allât. Il trouva le moyen de traverser la foule et de traverser le bivouac des troupes, il se déroba aux patrouilles, il évita les sentinelles. Il fit un détour, gagna la rue de Béthisy, et se dirigea vers les halles. Au coin de la rue des Bourdonnais il n'y avait plus de lanternes.

Après avoir franchi la zone de la foule, il avait dépassé la lisière des troupes; il se trouvait dans quelque chose d'effrayant. Plus un passant, plus un soldat, plus une lumière; personne. La solitude, le silence, la nuit; je ne sais quel froid qui saisissait. Entrer dans une rue, c'était entrer dans une cave.

Il continua d'avancer.

Il fit quelques pas. Quelqu'un passa près de lui en courant. Était-ce un homme? une femme? étaient-ils plusieurs? Il n'eût pu le dire. Cela avait passé et s'était évanoui.

De circuit en circuit, il arriva dans une ruelle qu'il jugea être la rue de la Poterie; vers le milieu de cette ruelle il se heurta à un obstacle. Il étendit les mains. C'était une charrette renversée; son pied reconnut des flaques d'eau, des fondrières, des pavés épars et amoncelés. Il y avait là une barricade ébauchée et abandonnée. Il escalada les pavés et se trouva de l'autre côté du barrage. Il marchait très-près des bornes et se guidait sur le mur des maisons. Un peu au delà de la barricade, il lui sembla entrevoir devant lui quelque chose de blanc. Il approcha, cela prit une forme. C'étaient deux chevaux blancs; les chevaux de l'omnibus dételé le matin par Bossuet, qui avaient erré au hasard de rue en rue toute la journée et avaient fini par s'arrêter là, avec cette patience accablée des brutes qui ne comprennent pas plus les actions de l'homme que l'homme ne comprend les actions de la providence.

Marius laissa les chevaux derrière lui. Comme il abordait une rue qui lui faisait l'effet d'être la rue du Contrat-Social, un coup de fusil, venu on ne sait d'où et qui traversait l'obscurité au hasard, siffla tout près de lui et la balle perça au-dessus de sa tête un plat à barbe de cuivre suspendu à la boutique d'un coiffeur. On voyait encore, en 1846, rue du Contrat-Social, au coin des piliers des halles, ce plat à barbe troué.

Ce coup de fusil, c'était encore de la vie. A partir de cet instant, il ne rencontra plus rien.

Tout cet itinéraire ressemblait à une descente de marches noires.

Marius n'en alla pas moins en avant.

II

PARIS A VOL DE HIBOU

Un être qui eût plané sur Paris en ce moment avec l'aile de la chauve-souris ou de la chouette, eût eu sous les yeux un spectacle morne.

Tout ce vieux quartier des halles, qui est comme une ville dans la ville, que traversent les rues Saint-Denis et Saint-Martin, où se croisent mille ruelles et dont les insurgés avaient fait leur

redoute et leur place d'armes, lui eût apparu
comme un énorme trou sombre creusé au centre
de Paris. Là le regard tombait dans un abîme.
Grâce aux réverbères brisés, grâce aux fenêtres
fermées, là cessait tout rayonnement, toute vie,
toute rumeur, tout mouvement. L'invisible police
de l'émeute veillait partout, et maintenait l'ordre,
c'est-à-dire la nuit. Noyer le petit nombre dans
une vaste obscurité, multiplier chaque combattant
par les possibilités que cette obscurité contient,
c'est la tactique nécessaire de l'insurrection. A la
chute du jour, toute croisée où une chandelle s'al-
lumait avait reçu une balle. La lumière était
éteinte, quelquefois l'habitant tué. Aussi rien ne
bougeait. Il n'y avait rien là que l'effroi, le deuil,
la stupeur dans les maisons ; dans les rues une
sorte d'horreur sacrée. On n'y apercevait même
pas les longues rangées de fenêtres et d'étages,
les dentelures des cheminées et des toits, les re-
flets vagues qui luisent sur le pavé boueux et
mouillé. L'œil qui eût regardé d'en haut dans cet
amas d'ombre eût entrevu peut-être çà et là, de
distance en distance, des clartés indistinctes faisant saillir des lignes brisées et bizarres, des pro-

fils de constructions singu'ières, quelque chose de pareil à des lueurs allant et venant dans des ruines ; c'est là qu'étaient les barricades. Le reste était un lac d'obscurité, brumeux, pesant, funèbre, au-dessus duquel se dressaient, silhouettes immobiles et lugubres, la tour Saint-Jacques, l'église Saint-Merry, et deux ou trois autres de ces grands édifices dont l'homme fait des géants et dont la nuit fait des fantômes.

Tout autour de ce labyrinthe désert et inquiétant, dans les quartiers où la circulation parisienne n'était pas anéantie, et où quelques rares réverbères brillaient, l'observateur aérien eût pu distinguer la scintillation métallique des sabres et des baïonnettes, le roulement sourd de l'artillerie, et le fourmillement des bataillons silencieux grossissant de minute en minute ; ceinture formidable qui se serrait et se fermait lentement autour de l'émeute.

Le quartier investi n'était plus qu'une sorte de monstrueuse caverne ; tout y paraissait endormi ou immobile, et, comme on vient de le voir, chacune des rues où l'on pouvait arriver n'offrait rien que de l'ombre.

Ombre farouche, pleine de piéges, pleine de

chocs inconnus et redoutables, où il était effrayant de pénétrer et épouvantable de séjourner, où ceux qui entraient frissonnaient devant ceux qui les attendaient, où ceux qui attendaient tressaillaient devant ceux qui allaient venir. Des combattants invisibles retranchés à chaque coin de rue; les embûches du sépulcre cachées dans les épaisseurs de la nuit. C'était fini. Plus d'autre clarté à espérer là désormais que l'éclair des fusils, plus d'autre rencontre que l'apparition brusque et rapide de la mort. Où? comment? quand? On ne savait, mais c'était certain et inévitable. Là, dans ce lieu marqué pour la lutte, le gouvernement et l'insurrection, la garde nationale et les sociétés populaires, la bourgeoisie et l'émeute, allaient s'aborder à tâtons. Pour les uns comme pour les autres, la nécessité était la même. Sortir de là tués ou vainqueurs, seule issue possible désormais. Situation tellement extrême, obscurité tellement puissante, que les plus timides s'y sentaient pris de résolution et les plus hardis de terreur.

Du reste, des deux côtés, furie, acharnement, détermination égale. Pour les uns, avancer, c'était mourir, et personne ne songeait à reculer; pour les autres, rester c'était mourir, et personne ne songeait à fuir.

Il était nécessaire que le lendemain tout fût terminé, que le triomphe fût ici ou là, que l'insurrection fût une révolution ou une échauffourée. Le gouvernement le comprenait comme les partis ; le moindre bourgeois le sentait. De là une pensée d'angoisse qui se mêlait à l'ombre impénétrable de ce quartier où tout allait se décider ; de là un redoublement d'anxiété autour de ce silence d'où allait sortir une catastrophe. On n'y entendait qu'un seul bruit, bruit déchirant comme un râle, menaçant comme une malédiction, le tocsin de Saint-Merry. Rien n'était glaçant comme la clameur de cette cloche éperdue et désespérée se lamentant dans les ténèbres.

Comme il arrive souvent, la nature semblait s'être mise d'accord avec ce que les hommes allaient faire. Rien ne dérangeait les funestes harmonies de cet ensemble. Les étoiles avaient disparu ; des nuages lourds emplissaient tout l'horizon de leurs plis mélancoliques. Il y avait un ciel noir sur ces rues mortes, comme si un immense linceul se déployait sur cet immense tombeau.

Tandis qu'une bataille encore toute politique se préparait dans ce même emplacement qui avait vu déjà tant d'événements révolutionnaires, tandis que la jeunesse, les associations secrètes, les écoles, au nom des principes, et la classe moyenne, au nom des intérêts, s'approchaient pour se heurter, s'étreindre et se terrasser, tandis que chacun hâtait et appelait l'heure dernière et décisive de la crise, au loin et en dehors de ce quartier fatal, au plus profond des cavités insondables de ce vieux Paris misérable qui disparaît sous la splendeur du Paris heureux et opulent, on entendait gronder sourdement la sombre voix du peuple.

Voix effrayante et sacrée qui se compose du rugissement de la brute et de la parole de Dieu, qui terrifie les faibles et qui avertit les sages, qui vient tout à la fois d'en bas comme la voix du lion et d'en haut comme la voix du tonnerre.

III

L'EXTRÊME BORD

Marius était arrivé aux halles.

Là tout était plus calme, plus obscur et plus immobile encore que dans les rues voisines. On eût dit que la paix glaciale du sépulcre était sortie de terre et s'était répandue sous le ciel.

Une rougeur pourtant découpait sur ce fond noir la haute toiture des maisons qui barraient la rue

de la Chanvrerie du côté de Saint-Eustache. C'était
le reflet de la torche qui brûlait dans la barricade
de Corinthe. Marius s'était dirigé sur cette rougeur. Elle l'avait amenée au Marché-aux-Poirées,
et il entrevoyait l'embouchure ténébreuse de la rue
des Prêcheurs. Il y entra. La vedette des insurgés
qui guettait à l'autre bout ne l'aperçut pas. Il se
sentait tout près de ce qu'il était venu chercher, et
il marchait sur la pointe du pied. Il arriva ainsi au
coude de ce court tronçon de la ruelle Mondétour
qui était, on s'en souvient, la seule communication
conservée par Enjolras avec le dehors. Au coin de
la dernière maison, à sa gauche, il avança la tête,
et regarda dans le tronçon Mondétour.

Un peu au delà de l'angle noir de la ruelle et de
la rue de la Chanvrerie qui jetait une large nappe
d'ombre, où il était lui-même enseveli, il aperçut
quelque lueur sur les pavés, un peu du cabaret, et
derrière, un lampion clignotant dans une espèce
de muraille informe, et des hommes accroupis
ayant des fusils sur leurs genoux. Tout cela était
à dix toises de lui. C'était l'intérieur de la barricade.

Les maisons qui bordaient la ruelle à droite lui

cachaient le reste du cabaret, la grande barricade et le drapeau.

Marius n'avait plus qu'un pas à faire.

Alors le malheureux jeune homme s'assit sur une borne, croisa les bras et songea à son père.

Il songea à cet héroïque colonel Pontmercy qui avait été un si fier soldat, qui avait gardé sous la république la frontière de France et touché sous l'empereur la frontière d'Asie, qui avait vu Gênes, Alexandrie, Milan, Turin, Madrid, Vienne, Dresde, Berlin, Moscou, qui avait laissé sur tous les champs de victoire de l'Europe des gouttes de ce même sang que lui Marius avait dans les veines, qui avait blanchi avant l'âge dans la discipline et le commandement, qui avait vécu le ceinturon bouclé, les épaulettes tombant sur la poitrine, la cocarde noircie par la poudre, le front plissé par le casque, sous la baraque, au camp, au bivouac, aux ambulances, et qui au bout de vingt ans était revenu des grandes guerres la joue balafrée, le visage souriant, simple, tranquille, admirable, pur comme un enfant, ayant tout fait pour la France et rien contre elle.

Il se dit que son jour à lui était venu aussi, que

son heure avait enfin sonné, qu'après son père il allait, lui aussi, être brave, intrépide, hardi, courir au-devant des balles, offrir sa poitrine aux baïonnettes, verser son sang, chercher l'ennemi, chercher la mort, qu'il allait faire la guerre à son tour et descendre sur le champ de bataille, et que ce champ de bataille où il allait descendre, c'était la rue, et que cette guerre qu'il allait faire, c'était la guerre civile !

Il vit la guerre civile ouverte comme un gouffre devant lui et que c'était là qu'il allait tomber.

Alors il frissonna.

Il songea à cette épée de son père que son aïeul avait vendue à un brocanteur, et qu'il avait, lui, si douloureusement regrettée. Il se dit qu'elle avait bien fait, cette vaillante et chaste épée, de lui échapper et de s'en aller irritée dans les ténèbres; que si elle s'était enfuie ainsi, c'est qu'elle était intelligente et qu'elle prévoyait l'avenir; c'est qu'elle pressentait l'émeute, la guerre des ruisseaux, la guerre des pavés, les fusillades par les soupiraux des caves, les coups donnés et reçus par derrière; c'est que, venant de Marengo et de Friedland, elle ne voulait pas aller rue de la Chanvrerie, c'est qu'après ce qu'elle avait fait avec le père, elle ne voulait pas faire cela avec le fils ! Il se dit que si cette épée était là, si, l'ayant recueillie au chevet de son père mort, il avait osé la prendre et l'emporter pour ce combat de nuit entre français dans un carrefour, à coup sûr elle lui brûlerait les mains et se mettrait à flamboyer devant lui comme l'épée de l'ange ! Il se dit qu'il était heureux qu'elle n'y fût pas et qu'elle eût disparu, que cela était bien, que cela était juste, que son aïeul avait été le vrai gardien de la gloire de son père, et qu'il valait mieux que l'épée du colonel eût été criée à l'encan, vendue au fripier, jetée aux ferrailles, que de faire aujourd'hui saigner le flanc de la patrie.

Et puis il se mit à pleurer amèrement.

Cela était horrible. Mais que faire ? Vivre sans Cosette, il ne le pouvait. Puisqu'elle était partie, il fallait bien qu'il mourût. Ne lui avait-il pas donné sa parole d'honneur qu'il mourrait ? Elle était partie sachant cela ; c'est qu'il lui plaisait que Marius mourût. Et puis il était clair qu'elle ne l'aimait plus, puisqu'elle s'en était allée ainsi, sans l'avertir, sans un mot, sans une lettre, et elle savait son adresse! A quoi bon vivre et pourquoi vivre à présent? Et puis, quoi! être venu jusque-là, et reculer! s'être approché du danger, et s'enfuir! être venu regarder dans la barricade, et s'esquiver! s'esquiver tout tremblant, en disant : au fait, j'en ai assez comme cela, j'ai vu, cela suffit, c'est la guerre civile, je m'en vais! Abandonner ses amis qui l'attendaient! qui avaient peut-être besoin de lui! qui étaient une poignée contre une armée! Manquer à tout à la fois, à l'amour, à l'amitié, à sa parole! Donner à sa poltronnerie le prétexte du patriotisme! Mais cela était impossible, et si le fantôme de son père était là dans l'ombre et le voyait reculer, il lui fouetterait les reins du plat de son épée et lui crierait : Marche donc, lâche!

En proie au va-et-vient de ses pensées, il baissait la tête.

Tout à coup il la redressa. Une sorte de rectification splendide venait de se faire dans son esprit. Il y a une dilatation de pensée propre au voisinage de la tombe ; être près de la mort, cela fait voir vrai. La vision de l'action dans laquelle il se sentait peut-être sur le point d'entrer lui apparut, non plus lamentable, mais superbe. La guerre de la rue se transfigura subitement par on ne sait quel travail d'âme intérieur, devant l'œil de sa pensée. Tous les tumultueux points d'interrogation de la rêverie lui revinrent en foule, mais sans le troubler. Il n'en laissa aucun sans réponse.

Voyons, pourquoi son père s'indignerait-il? est-ce qu'il n'y a point des cas où l'insurrection monte à la dignité de devoir? qu'y aurait-il donc de diminuant pour le fils du colonel Pontmercy dans le combat qui s'engage? Ce n'est plus Montmirail ni Champaubert; c'est autre chose. Il ne s'agit plus d'un territoire sacré, mais d'une idée sainte. La patrie se plaint, soit; mais l'humanité applaudit. Est-il vrai d'ailleurs que la patrie se plaigne? la France saigne, mais la liberté sourit; et devant le sourire de la liberté, la France oublie sa plaie. Et puis, à voir les choses de plus haut encore, que viendrait-on parler de guerre civile?

La guerre civile? Qu'est-ce à dire? Est-ce qu'il y a une guerre étrangère? Est-ce que toute guerre entre hommes n'est pas la guerre entre frères? La guerre ne se qualifie que par son but. Il n'y a ni guerre étrangère, ni guerre civile; il n'y a que la guerre injuste et la guerre juste. Jusqu'au jour où le grand concordat humain sera conclu, la guerre, celle du moins qui est l'effort de l'avenir qui se hâte contre le passé qui s'attarde, peut être nécessaire. Qu'a-t-on à reprocher à cette guerre-là? La guerre ne devient honte, l'épée ne devient poignard que lorsqu'elle assassine le droit, le progrès, la raison, la civilisation, la vérité. Alors, guerre civile ou guerre étrangère, elle est inique; elle s'appelle le crime. En dehors de cette chose sainte, la justice, de quel droit une forme de la guerre en mépriserait-elle une autre? de quel droit l'épée de Washington renierait-elle la pique de Camille Desmoulins? Léonidas contre l'étranger, Timoléon contre le tyran, lequel est le plus grand? l'un est le défenseur, l'autre est le libérateur. Flétrira-t-on, sans s'inquiéter du but, toute prise d'armes dans l'intérieur de la cité? alors notez d'infamie Brutus, Marcel, Arnould de Blankenheim, Coligny. Guerre de buissons? guerre de rues? Pourquoi pas? c'était la guerre d'Ambiorix, d'Artevelde, de Marnix, de Pélage. Mais Ambiorix luttait contre Rome, Artevelde contre la France, Marnix contre l'Espagne, Pélage contre les Maures; tous contre l'étranger. Eh bien, la monarchie, c'est l'étranger; l'oppression, c'est l'étranger; le droit divin, c'est l'étranger. Le despotisme viole la frontière morale, comme l'invasion viole la frontière géographique. Chasser le tyran ou chasser l'anglais, c'est, dans les deux cas, reprendre son territoire. Il vient une heure où protester ne suffit plus; après la philosophie il faut l'action; la vive force achève ce que l'idée a ébauché; *Prométhée enchaîné* commence, Aristogiton finit; l'Encyclopédie éclaire les âmes, le 10 août les électrise. Après Eschyle, Thrasybule; après Diderot, Danton. Les multitudes ont une tendance à accepter le maître. Leur masse dépose de l'apathie. Une foule se totalise aisément en obéissance. Il faut les remuer, les pousser, rudoyer les hommes par le bienfait même de leur délivrance, leur blesser les yeux par le vrai, leur jeter la lumière à poignées terribles. Il faut qu'ils soient eux-mêmes un peu foudroyés par leur propre salut; cet éblouissement les réveille. De là la nécessité des tocsins et des guerres. Il faut que de grands combattants se lèvent, illuminent les nations par l'audace, et secouent cette triste humanité que couvrent d'ombre le droit divin, la gloire césarienne, la force, le fanatisme, le pouvoir irresponsable et les majestés absolues; cohue stupidement occupée à contempler, dans leur splendeur crépusculaire, ces sombres triomphes de la nuit. A bas le tyran! Mais quoi? de qui parlez-vous? appelez-vous Louis-Philippe le tyran? non; pas plus que Louis XVI. Ils sont tous deux ce que l'histoire a coutume de nommer de bons rois; mais les principes ne se morcellent pas, la logique du vrai est rectiligne, le propre de la vérité, c'est de manquer de complaisance; pas de concession donc; tout empiétement sur l'homme doit être réprimé; il y a le droit divin dans Louis XVI, il y a *parce que Bourbon* dans Louis-Philippe; tous deux représentent dans une certaine mesure la confiscation du droit, et pour déblayer l'usurpation universelle, il faut les combattre; il le faut, la France étant toujours ce qui commence. Quand le maître tombe en France, il tombe partout. En somme rétablir la vérité sociale, rendre son trône à la liberté, rendre le peuple au peuple, rendre à l'homme la souveraineté, replacer la pourpre sur la tête de la France, restaurer dans leur plénitude la raison et l'équité, supprimer tout germe d'antagonisme en restituant chacun à lui-même, anéantir l'obstacle que la royauté fait à l'immense concorde universelle, remettre le genre humain de niveau avec le droit, quelle cause plus juste, et, par conséquent, quelle guerre plus grande? Ces guerres-là construisent la paix. Une énorme forteresse de préjugés, de priviléges, de superstitions, de mensonges, d'exactions, d'abus, de violences, d'iniquités, de ténèbres, est encore debout sur le monde avec ses tours de haine. Il faut la jeter bas. Il faut faire crouler cette masse monstrueuse. Vaincre à Austerlitz, c'est grand; prendre la Bastille, c'est immense.

Il n'est personne qui ne l'ait remarqué sur soi-même, l'âme, et c'est là la merveille de son unité compliquée d'ubiquité, a cette aptitude étrange de raisonner presque froidement dans les extrémités les plus violentes, et il arrive souvent que la passion désolée et le profond désespoir, dans l'agonie même de leurs monologues les plus noirs, traitent des sujets et discutent des thèses. La logique se mêle à la convulsion, et le fil du syllogisme flotte sans se casser dans l'orage lugubre de la pensée. C'était là la situation d'esprit de Marius.

Tout en songeant ainsi, accablé, mais résolu, hésitant pourtant, et, en somme, frémissant devant ce qu'il allait faire, son regard errait dans l'intérieur de la barricade. Les insurgés y causaient à demi-voix, sans remuer, et l'on y sentait ce quasi-silence qui marque la dernière phase de l'attente. Au-dessus d'eux, à une lucarne d'un troisième étage, Marius distinguait une espèce de spectateur ou de témoin qui lui semblait singulièrement attentif. C'était le portier tué par Le Cabuc. D'en bas, à la réverbération de la torche enfouie dans les pavés, on apercevait cette tête vaguement. Rien n'était plus étrange, à cette clarté sombre et incertaine, que cette face livide, immobile, étonnée, avec ses cheveux hérissés, ses yeux ouverts et fixes et sa bouche béante, penchée sur la rue dans une attitude de curiosité. On eût dit que celui qui était mort considérait ceux qui allaient mourir. Une longue traînée de sang qui avait coulé de cette tête descendait en filets rougeâtres de la lucarne jusqu'à la hauteur du premier étage où elle s'arrêtait.

LIVRE QUATORZIÈME

LES GRANDEURS DU DÉSESPOIR

I

LE DRAPEAU : PREMIER ACTE

Rien ne venait encore. Dix heures avaient sonné à Saint-Merry. Enjolras et Combeferre étaient allés s'asseoir, la carabine à la main, près de la coupure de la grande barricade. Ils ne se parlaient pas, ils écoutaient; cherchant à saisir même le bruit de marche le plus sourd et le plus lointain.

Subitement, au milieu de ce calme lugubre, une

voix claire, jeune, gaie, qui semblait venir de la rue Saint-Denis, s'éleva et se mit à chanter distinctement sur le vieil air populaire *Au clair de la lune* cette poésie terminée par une sorte de cri pareil au chant du coq :

>Mon nez est en larmes,
>Mon ami Bugeaud,
>Prêt'-moi tes gendarmes
>Pour leur dire un mot.
>En capote bleue,
>La poule au shako,
>Voici la banlieue !
>Co-cocorico !

Ils se serrèrent la main.

— C'est Gavroche, dit Enjolras.

— Il nous avertit, dit Combeferre.

Une course précipitée troubla la rue déserte; on vit un être plus agile qu'un clown grimper par-dessus l'omnibus et Gavroche bondit dans la barricade tout essoufflé, en disant :

— Mon fusil ! Les voici.

Un frisson électrique parcourut toute la barricade, et l'on entendit le mouvement des mains cherchant les fusils.

— Veux-tu ma carabine ? dit Enjolras au gamin.

— Je veux le grand fusil, répondit Gavroche.

Et il prit le fusil de Javert.

Deux sentinelles s'étaient repliées et étaient rentrées presque en même temps que Gavroche. C'était la sentinelle du bout de la rue et la vedette de la Petite-Truanderie. La vedette de la ruelle des Prêcheurs était restée à son poste, ce qui indiquait que rien ne venait du côté des ponts et des halles.

La rue de la Chanvrerie, dont quelques pavés à peine étaient visibles au reflet de la lumière qui se projetait sur le drapeau, offrait aux insurgés l'aspect d'un grand porche noir vaguement ouvert dans une fumée.

Chacun avait pris son poste de combat.

Quarante-trois insurgés, parmi lesquels Enjolras, Combeferre, Courfeyrac, Bossuet, Joly, Bahorel et Gavroche, étaient agenouillés dans la grande barricade, les têtes à fleur de la crête du barrage, les canons des fusils et des carabines braqués sur les pavés comme à des meurtrières, attentifs, muets, prêts à faire feu.. Six, commandés par Feuilly, s'étaient installés, le fusil en joue, aux fenêtres des deux étages de Corinthe.

Quelques instants s'écoulèrent encore, puis un bruit de pas, mesuré, pesant, nombreux, se fit entendre distinctement du côté de Saint-Leu. Ce bruit, d'abord faible, puis précis, puis lourd et sonore, s'approchait lentement, sans halte, sans interruption, avec une continuité tranquille et terrible. On n'entendait rien que cela. C'était tout ensemble le silence et le bruit de la statue du Commandeur, mais ce pas de pierre avait on ne sait quoi d'énorme et de multiple qui éveillait l'idée d'une foule en même temps que l'idée d'un spectre. On croyait entendre marcher l'effrayante statue Légion. Ce pas approcha ; il approcha encore, et s'arrêta. Il sembla qu'on entendît au bout de la rue le souffle de beaucoup d'hommes. On ne voyait rien pourtant, seulement on distinguait tout au fond, dans cette épaisse obscurité, une multitude de fils métalliques, fins comme des aiguilles et presque imperceptibles, qui s'agitaient, pareils à ces indescriptibles réseaux phosphoriques qu'au moment de s'endormir on aperçoit, sous ses paupières fermées, dans les premiers brouillards du sommeil. C'étaient les baïonnettes et les canons de fusils confusément éclairés par la réverbération lointaine de la torche.

Il y eut encore une pause, comme si des deux côtés on attendait. Tout à coup, du fond de cette ombre, une voix, d'autant plus sinistre qu'on ne voyait personne, et qu'il semblait que c'était l'obscurité elle-même qui parlait, cria :

— Qui vive ?

En même temps on entendit le cliquetis des fusils qui s'abattent.

Enjolras répondit d'un accent vibrant et altier :

— Révolution française!

— Feu! dit la voix.

Un éclair empourpra toutes les façades de la rue comme si la porte d'une fournaise s'ouvrait et se fermait brusquement.

Une effroyable détonation éclata sur la barricade. Le drapeau rouge tomba. La décharge avait été si violente et si dense qu'elle en avait coupé la hampe ; c'est-à-dire la pointe même du timon de l'omnibus. Des balles, qui avaient ricoché sur les corniches des maisons, pénétrèrent dans la barricade et blessèrent plusieurs hommes.

L'impression de cette première décharge fut glaçante. L'attaque était rude et de nature à faire songer les plus hardis. Il était évident qu'on avait au moins affaire à un régiment tout entier.

— Camarades, cria Courfeyrac, ne perdons pas la poudre. Attendons pour riposter qu'ils soient engagés dans la rue.

— Et, avant tout, dit Enjolras, relevons le drapeau !

Il ramassa le drapeau qui était précisément tombé à ses pieds.

On entendait au dehors le choc des baguettes dans les fusils : la troupe rechargeait les armes.

Enjolras reprit :

— Qui est-ce qui a du cœur ici ? qui est-ce qui replante le drapeau sur la barricade ?

Pas un ne répondit. Monter sur la barricade au moment où sans doute elle était couchée en joue de nouveau, c'était simplement la mort. Le plus brave hésite à se condamner, Enjolras lui-même avait un frémissement. Il répéta :

— Personne ne se présente ?

II

LE DRAPEAU : DEUXIÈME ACTE

Depuis qu'on était arrivé à Corinthe et qu'on avait commencé à construire la barricade, on n'avait plus guère fait attention au père Mabeuf. M. Mabeuf pourtant n'avait pas quitté l'attroupement. Il était entré dans le rez-de-chaussée du cabaret et s'était assis derrière le comptoir. Là, il s'était pour ainsi dire anéanti en lui-même. Il semblait ne plus regarder et ne plus penser. Courfeyrac

et d'autres l'avaient deux ou trois fois accosté, l'avertissant du péril, l'engageant à se retirer, sans qu'il parût les entendre. Quand on ne lui parlait pas, sa bouche remuait comme s'il répondait à quelqu'un, et dès qu'on lui adressait la parole, ses lèvres devenaient immobiles et ses yeux n'avaient plus l'air vivants. Quelques heures avant que la barricade fût attaquée, il avait pris une posture qu'il n'avait plus quittée, les deux poings sur ses deux genoux et la tête penchée en avant comme s'il regardait dans un précipice. Rien n'avait pu le tirer de cette attitude; il ne paraissait pas que son esprit fût dans la barricade. Quand chacun était allé prendre sa place de combat, il n'était plus resté dans la salle basse que Javert lié au poteau, un insurgé le sabre nu veillant sur Javert, et lui, Mabeuf. Au moment de l'attaque, à la détonation, la secousse physique l'avait atteint et comme réveillé, il s'était levé brusquement, il avait traversé la salle, et à l'instant où Enjolras répéta son appel :
— Personne ne se présente? on vit le vieillard apparaître sur le seuil du cabaret.

Sa présence fit une sorte de commotion dans les groupes. Un cri s'éleva :

— C'est le votant! c'est le conventionnel! c'est le représentant du peuple!

Il est probable qu'il n'entendait pas.

Il marcha droit à Enjolras, les insurgés s'écartaient devant lui avec une crainte religieuse, il arracha le drapeau à Enjolras, qui reculait pétrifié, et alors, sans que personne osât ni l'arrêter, ni l'aider, ce vieillard de quatre-vingts ans, la tête branlante, le pied ferme, se mit à gravir lentement l'escalier de pavés pratiqué dans la barricade. Cela était si sombre et si grand que tous autour de lui crièrent : Chapeau bas! A chaque marche qu'il montait, c'était effrayant; ses cheveux blancs, sa face décrépite, son grand front chauve et ridé, ses yeux caves, sa bouche étonnée et ouverte, son vieux bras levant la bannière rouge, surgissaient de l'ombre et grandissaient dans la clarté sanglante de la torche, et l'on croyait voir le spectre de 93 sortir de terre, le drapeau de la terreur à la main.

Quand il fut au haut de la dernière marche, quand ce fantôme tremblant et terrible, debout sur ce monceau de décombres en présence de douze cents fusils invisibles, se dressa, en face de la mort et comme s'il était plus fort qu'elle, toute la barricade eut dans les ténèbres une figure surnaturelle et colossale.

Il y eut un de ces silences qui ne se font qu'autour des prodiges.

Au milieu de ce silence le vieillard agita le drapeau rouge et cria :

— Vive la révolution! vive la république! fraternité! égalité! et la mort!

On entendit de la barricade un chuchotement bas et rapide pareil au murmure d'un prêtre pressé qui dépêche une prière. C'était probablement le commissaire de police qui faisait les sommations légales à l'autre bout de la rue.

Puis la même voix éclatante qui avait crié : Qui vive? cria :

— Retirez-vous!

M. Mabœuf, blême, hagard, les prunelles illuminées des lugubres flammes de l'égarement, leva le drapeau au-dessus de son front et répéta :

— Vive la république!

— Feu! dit la voix.

Une seconde décharge, pareille à une mitraille, s'abattit sur la barricade.

Le vieillard fléchit sur ses genoux, puis se redressa, laissa échapper le drapeau et tomba en arrière à la renverse sur le pavé, comme une planche, tout de son long et les bras en croix.

Des ruisseaux de sang coulèrent de dessous lui. Sa vieille tête, pâle et triste, semblait regarder le ciel.

Une de ces émotions supérieures à l'homme qui font qu'on oublie même de se défendre, saisit les insurgés, et ils s'approchèrent du cadavre avec une épouvante respectueuse.

— Quels hommes que ces régicides! dit Enjolras.

Courfeyrac se pencha à l'oreille d'Enjolras :

— Ceci n'est que pour toi, et je ne veux pas diminuer l'enthousiasme. Mais ce n'était rien moins qu'un régicide. Je l'ai connu. Il s'appelait le père Mabeuf. Je ne sais pas ce qu'il avait aujourd'hui. Mais c'était une brave ganache. Regarde-moi sa tête.

— Tête de ganache et cœur de Brutus, répondit Enjolras.

Puis il éleva la voix :

— Citoyens! Ceci est l'exemple que les vieux

donnent aux jeunes. Nous hésitions, il est venu! nous reculions, il a avancé! Voilà ce que ceux qui tremblent de vieillesse enseignent à ceux qui tremblent de peur! Cet aïeul est auguste devant la patrie. Il a eu une longue vie et une magnifique mort! Maintenant abritons le cadavre, que chacun de nous défende ce vieillard mort comme il défendrait son père vivant, et que sa présence au milieu de nous fasse la barricade imprenable!

Un murmure d'adhésion morne et énergique suivit ces paroles.

Enjolras se courba, souleva la tête du vieillard, et, farouche, le baisa au front, puis, lui écartant les bras, et maniant ce mort avec une précaution tendre, comme s'il eût craint de lui faire du mal, il lui ôta son habit, en montra à tous les trous sanglants et dit :

— Voilà maintenant notre drapeau.

III

GAVROCHE AURAIT MIEUX FAIT D'ACCEPTER
LA CARABINE D'ENJOLRAS

On jeta sur le père Mabeuf un long châle noir de la veuve Hucheloup. Six hommes firent de leurs fusils une civière, on y posa le cadavre, et on le porta, têtes nues, avec une lenteur solennelle, sur la grande table de la salle basse.

Ces hommes, tout entiers à la chose grave et sacrée qu'ils faisaient, ne songeaient plus à la situation périlleuse où ils étaient.

Quand le cadavre passa près de Javert toujours impassible, Enjolras dit à l'espion :

— Toi ! tout à l'heure.

Pendant ce temps-là, le petit Gavroche, qui seul n'avait pas quitté son poste et était resté en observation, croyait voir des hommes s'approcher à pas de loup de la barricade. Tout à coup il cria :

— Méfiez-vous !

Courfeyrac, Enjolras, Jean Prouvaire, Combeferre, Joly, Bahorel, Bossuet, tous sortirent en tumulte du cabaret. Il n'était presque déjà plus temps. On apercevait une étincelante épaisseur de baïonnettes ondulant au-dessus de la barricade. Des gardes municipaux de haute taille, pénétraient, les uns en enjambant l'omnibus, les autres par la coupure, poussant devant eux le gamin qui reculait, mais ne fuyait pas.

L'instant était critique. C'était cette première redoutable minute de l'inondation, quand le fleuve se soulève au niveau de la levée et que l'eau commence à s'infiltrer par les fissures de la digue. Une seconde encore, et la barricade était prise.

Bahorel s'élança sur le premier garde municipal

qui entrait et le tua à bout portant d'un coup de carabine; le second tua Bahorel d'un coup de baïonnette. Un autre avait déjà terrassé Courfeyrac qui criait : A moi ! Le plus grand de tous, une espèce de colosse, marchait sur Gavroche la baïonnette en avant. Le gamin prit dans ses petits bras l'énorme fusil de Javert, coucha résolûment. en joue le géant, et lâcha son coup. Rien ne partit. Javert n'avait pas chargé son fusil. Le garde municipal éclata de rire et leva la baïonnette sur l'enfant.

Avant que la baïonnette eût touché Gavroche, le fusil échappait des mains du soldat, une balle avait frappé le garde municipal au milieu du front et il tombait sur le dos. Une seconde balle frappait en pleine poitrine l'autre garde qui avait assailli Courfeyrac, et le jetait sur le pavé.

C'était Marius qui venait d'entrer dans la barricade.

IV

LE BARIL DE POUDRE

Marius, toujours caché dans le coude de la rue Mondétour, avait assisté à la première phase du combat, irrésolu et frissonnant. Cependant il n'avait pu résister longtemps à ce vertige mystérieux et souverain qu'on pourrait nommer l'appel de l'abîme. Devant l'imminence du péril, devant la mort de M. Mabeuf, cette funèbre énigme, devant Bahorel tué, Courfeyrac criant : A moi! cet enfant menacé, ses amis à secourir ou à venger, toute hésitation s'était évanouie, et il s'était rué dans la mêlée ses deux pistolets à la main. Du premier coup il avait sauvé Gavroche et du second délivré Courfeyrac.

Aux coups de feu, aux cris des gardes frappés, les assaillants avaient gravi le retranchement, sur le sommet duquel on voyait maintenant se dresser plus d'à mi-corps, et en foule, des gardes municipaux, des soldats de la ligne, des gardes nationaux de la banlieue, le fusil au poing. Ils couvraient déjà plus des deux tiers du barrage, mais ils ne sautaient pas dans l'enceinte, comme s'ils balançaient, craignant quelque piége. Ils regardaient dans la barricade obscure comme on regarderait dans une tanière de lions. La lueur de la torche n'éclairait que les baïonnettes, les bonnets à poil et le haut des visages inquiets et irrités.

Marius n'avait plus d'armes, il avait jeté ses pistolets déchargés, mais il avait aperçu le baril de poudre dans la salle basse près de la porte.

Comme il se tournait à demi, regardant de ce côté, un soldat le coucha en joue. Au moment où le soldat ajustait Marius, une main se posa sur le bout du canon du fusil, et le boucha. C'était quelqu'un qui s'était élancé, le jeune ouvrier au pantalon de velours. Le coup partit, traversa la main, et peut-être aussi l'ouvrier, car il tomba, mais la balle n'atteignit pas Marius. Tout cela dans la fumée, plutôt entrevu que vu. Marius, qui entrait dans la salle basse, s'en aperçut à peine. Cependant il avait confusément vu ce canon de fusil dirigé sur lui et cette main qui l'avait bouché, et il avait entendu le coup. Mais dans des minutes comme celle-là, les choses qu'on voit vacillent et se précipitent, et l'on ne s'arrête à rien. On se sent obscurément poussé vers plus d'ombre encore, et tout est nuage.

Les insurgés, surpris, mais non effrayés, s'étaient ralliés. Enjolras avait crié : Attendez! ne tirez pas au hasard! Dans la première confusion en effet ils pouvaient se blesser les uns les autres. La plupart étaient montés à la fenêtre du premier étage et aux mansardes d'où ils dominaient les assaillants. Les plus déterminés, avec Enjolras, Courfeyrac, Jean Prouvaire et Combeferre, s'étaient fièrement adossés aux maisons du fond, à découvert et faisant face aux rangées de soldats et de gardes qui couronnaient la barricade.

Tout cela s'accomplit sans précipitation, avec

cette gravité étrange et menaçante qui précède les mêlées. Des deux parts on se couchait en joue, à bout portant, on était si près qu'on pouvait se parler à portée de voix. Quand on fut à ce point où l'étincelle va jaillir, un officier en hausse-col et à grosses épaulettes étendit son épée et dit :

— Bas les armes!

— Feu! dit Enjolras.

Les deux détonations partirent en même temps, et tout disparut dans la fumée.

Fumée âcre et étouffante où se traînaient, avec des gémissements faibles et sourds, des mourants et des blessés.

Quand la fumée se dissipa, on vit des deux côtés les combattants, éclaircis, mais toujours aux mêmes places, qui rechargeaient les armes en silence.

Tout à coup, on entendit une voix tonnante qui criait :

— Allez-vous-en, ou je fais sauter la barricade!

Tous se retournèrent du côté d'où venait la voix.

Marius était entré dans la salle basse, et y avait

pris le baril de poudre, puis il avait profité de la fumée et de l'espèce de brouillard obscur qui emplissait l'enceinte retranchée, pour se glisser le long de la barricade jusqu'à cette cage de pavés où était fixée la torche. En arracher la torche, y mettre le baril de poudre, pousser la pile de pavés sous le baril, qui s'était sur-le-champ défoncé, avec une sorte d'obéissance terrible, tout cela avait été pour Marius le temps de se baisser et de se relever ; et maintenant tous, gardes nationaux, gardes municipaux, officiers, soldats, pelotonnés à l'autre extrémité de la barricade, le regardaient avec stupeur le pied sur les pavés, la torche à la main, son fier visage éclairé par une résolution fatale, penchant la flamme de la torche vers ce monceau redoutable où l'on distinguait le baril de poudre brisé, et poussant ce cri terrifiant :

— Allez-vous-en, ou je fais sauter la barricade !

Marius sur cette barricade après l'octogénaire, c'était la vision de la jeune révolution après l'apparition de la vieille.

— Sauter la barricade ! dit un sergent, et toi aussi !

Marius répondit :

— Et moi aussi.

Et il approcha la torche du baril de poudre.

Mais il n'y avait déjà plus personne sur le barrage. Les assaillants, laissant leurs morts et leurs blessés, refluaient pêle-mêle et en désordre vers l'extrémité de la rue et s'y perdaient de nouveau dans la nuit. Ce fut un sauve-qui-peut.

La barricade était dégagée.

V

FIN DES VERS DE JEAN PROUVAIRE

Tous entourèrent Marius. Courfeyrac lui sauta au cou.

— Te voilà !
— Quel bonheur ! dit Combeferre.
— Tu es venu à propos ! fit Bossuet.
— Sans toi j'étais mort ! reprit Courfeyrac.
— Sans vous j'étais gobé ! ajouta Gavroche.
Marius demanda :

— Où est le chef?

— C'est toi, dit Enjolras.

Marius avait eu toute la journée une fournaise dans le cerveau, maintenant c'était un tourbillon. Ce tourbillon qui était en lui lui faisait l'effet d'être hors de lui et de l'emporter. Il lui semblait qu'il était déjà à une distance immense de la vie. Ses deux lumineux mois de joie et d'amour, aboutissant brusquement à cet effroyable précipice, Cosette perdue pour lui, cette barricade, M. Mabeuf se faisant tuer pour la république, lui-même chef d'insurgés, toutes ces choses lui paraissaient un cauchemar monstrueux. Il était obligé de faire un effort d'esprit pour se rappeler que tout ce qui l'entourait était réel. Marius avait trop peu vécu encore pour savoir que rien n'est plus imminent que l'impossible, et que ce qu'il faut toujours prévoir, c'est l'imprévu. Il assistait à son propre drame comme à une pièce qu'on ne comprend pas.

Dans cette brume où était sa pensée, il ne reconnut pas Javert qui, lié à son poteau, n'avait pas fait un mouvement de tête pendant l'attaque de la barricade et qui regardait s'agiter autour de lui la révolte avec la résignation d'un martyr et la majesté d'un juge. Marius ne l'aperçut même pas.

Cependant les assaillants ne bougeaient plus, on les entendait marcher et fourmiller au bout de la rue, mais ils ne s'y aventuraient pas, soit qu'ils attendissent des ordres, soit qu'avant de se ruer de nouveau sur cette imprenable redoute, ils attendissent des renforts. Les insurgés avaient posé des sentinelles, et quelques-uns qui étaient étudiants en médecine s'étaient mis à panser les blessés.

On avait jeté les tables hors du cabaret à l'exception de deux tables réservées à la charpie et aux cartouches, et de la table où gisait le père Mabeuf; on les avait ajoutées à la barricade, et on les avait remplacées dans la salle basse par les matelas des lits de la veuve Hucheloup et des servantes. Sur ces matelas on avait étendu les blessés. Quant aux trois pauvres créatures qui habitaient Corinthe, on ne savait ce qu'elles étaient devenues. On finit pourtant par les retrouver cachées dans la cave.

Une émotion poignante vint assombrir la joie de la barricade dégagée.

On fit l'appel. Un des insurgés manquait. Et qui? Un des plus chers. Un des plus vaillants. Jean Prouvaire. On le chercha parmi les blessés, il n'y était pas. On le chercha parmi les morts, il n'y était pas. Il était évidemment prisonnier.

Combeferre dit à Enjolras :

— Ils ont notre ami; nous avons leur agent. Tiens-tu à la mort de ce mouchard?

— Oui, répondit Enjolras; mais moins qu'à la vie de Jean Prouvaire.

Ceci se passait dans la salle basse près du poteau de Javert.

— Eh bien, reprit Combeferre, je vais attacher mon mouchoir à ma canne, et aller en parlementaire leur offrir de leur donner leur homme pour le nôtre.

— Écoute, dit Enjolras en posant sa main sur le bras de Combeferre.

Il y avait au bout de la rue un cliquetis d'armes significatif.

On entendit une voix mâle crier :

— Vive la France! vive l'avenir!

On reconnut la voix de Prouvaire.

Un éclair passa et une détonation éclata.

Le silence se refit.

— Ils l'ont tué, s'écria Combeferre.

Enjolras regarda Javert et lui dit :

— Tes amis viennent de te fusiller.

VI

L'AGONIE DE LA MORT APRÈS L'AGONIE DE LA VIE

Une singularité de ce genre de guerre, c'est que l'attaque des barricades se fait presque toujours de front, et qu'en général les assaillants s'abstiennent de tourner les positions, soit qu'ils redoutent des embuscades, soit qu'ils craignent de s'engager dans des rues tortueuses. Toute l'attention des insurgés se portait donc du côté de la grande barricade qui était évidemment le point toujours menacé et où devait recommencer infailliblement la lutte. Marius pourtant songea à la petite barricade et y alla. Elle était déserte et n'était gardée que par le lampion qui tremblait entre les pavés. Du reste la ruelle Mondétour et les embranchements de la Petite-Truanderie et du Cygne étaient profondément calmes.

Comme Marius, l'inspection faite, se retirait, il entendit son nom prononcé faiblement dans l'obscurité :

— Monsieur Marius !

Il tressaillit, car il reconnut la voix qui l'avait appelé deux heures auparavant à travers la grille de la rue Plumet.

Seulement cette voix maintenant semblait n'être plus qu'un souffle.

Il regarda autour de lui et ne vit personne.

Marius crut s'être trompé, et que c'était une illusion ajoutée par son esprit aux réalités extraordinaires qui se heurtaient autour de lui. Il fit un pas pour sortir de l'enfoncement reculé où était la barricade.

— Monsieur Marius ! répéta la voix.

Cette fois il ne pouvait douter, il avait distinctement entendu; il regarda, et ne vit rien.

— A vos pieds, dit la voix.

Il se courba et vit dans l'ombre une forme qui se traînait vers lui. Cela rampait sur le pavé. C'était cela qui lui parlait.

Le lampion permettait de distinguer une blouse, un pantalon de gros velours déchiré, des pieds nus, et quelque chose qui ressemblait à une mare de sang. Marius entrevit une tête pâle qui se dressait vers lui et qui lui dit :

— Vous ne me reconnaissez pas?

— Non.

— Éponine.

Marius se baissa vivement. C'était en effet cette malheureuse enfant. Elle était habillée en homme.

— Comment êtes-vous ici? que faites-vous là?

— Je meurs, lui dit-elle.

Il y a des mots et des incidents qui réveillent les êtres accablés. Marius s'écria comme en sursaut :

— Vous êtes blessée! Attendez, je vais vous porter dans la salle! On va vous panser! Est-ce grave? comment faut-il vous prendre pour ne pas vous faire de mal? où souffrez-vous? Du secours! mon Dieu! Mais qu'êtes-vous venue faire ici?

Et il essaya de passer son bras sous elle pour la soulever.

En la soulevant il rencontra sa main.

Elle poussa un cri faible.

— Vous ai-je fait mal? demanda Marius.

— Un peu.

— Mais je n'ai touché que votre main.

Elle leva sa main vers le regard de Marius, et Marius au milieu de cette main vit un trou noir.

— Qu'avez-vous donc à la main? dit-il.

— Elle est percée.

— Percée!

— Oui.

— De quoi?

— D'une balle.

— Comment?

— Avez-vous vu un fusil qui vous couchait en joue?

— Oui, et une main qui l'a bouché.

— C'était la mienne.

Marius eut un frémissement.

— Quelle folie! Pauvre enfant! Mais tant mieux,

si c'est cela, ce n'est rien, laissez-moi vous porter sur un lit. On va vous panser, on ne meurt pas d'une main percée.

Elle murmura :

— La balle a traversé la main, mais elle est sortie par le dos. C'est inutile de m'ôter d'ici. Je vais vous dire comment vous pouvez me panser, mieux qu'un chirurgien. Asseyez-vous près de moi sur cette pierre.

Il obéit; elle posa sa tête sur les genoux de Marius, et sans le regarder, elle dit :

— Oh! que c'est bon! Comme on est bien! Voilà! Je ne souffre plus.

Elle demeura un moment en silence, puis elle tourna son visage avec effort et regarda Marius.

— Savez-vous cela, monsieur Marius? Cela me taquinait que vous entriez dans ce jardin, c'était bête, puisque c'était moi qui vous avais montré la maison, et puis enfin je devais bien me dire qu'un jeune homme comme vous...

Elle s'interrompit, et, franchissant les sombres transitions qui étaient sans doute dans son esprit, elle reprit avec un déchirant sourire :

— Vous me trouviez laide, n'est-ce pas?

Elle continua :

— Voyez-vous, vous êtes perdu! Maintenant personne ne sortira de la barricade. C'est moi qui vous ai amené ici, tiens! Vous allez mourir, j'y compte bien. Et pourtant quand j'ai vu qu'on vous visait, j'ai mis la main sur la bouche du canon de fusil. Comme c'est drôle! Mais c'est que je voulais mourir avant vous. Quand j'ai reçu cette balle, je me suis traînée ici, on ne m'a pas vue, on ne m'a pas ramassée. Je vous attendais, je disais : Il ne viendra donc pas? Oh! si vous saviez, je mordais ma blouse, je souffrais tant! Maintenant je suis bien. Vous rappelez-vous le jour où je suis entrée dans votre chambre et où je me suis mirée dans votre miroir, et le jour où je vous ai rencontré sur le boulevard près des femmes en journée? Comme les oiseaux chantaient! Il n'y a pas bien longtemps. Vous m'avez donné cent sous, et je vous ai dit : Je ne veux pas de votre argent. Avez-vous ramassé votre pièce au moins? Vous n'êtes pas riche. Je n'ai pas pensé à vous dire de la ramasser. Il faisait beau soleil, on n'avait pas froid. Vous souvenez-vous, monsieur Marius? Oh! je suis heureuse! Tout le monde va mourir.

Elle avait un air insensé, grave et navrant. Sa blouse déchirée montrait sa gorge nue. Elle appuyait en parlant sa main percée sur sa poitrine où il y avait un autre trou, et d'où il sortait par instant un flot de sang comme le jet de vin d'une bonde ouverte.

Marius considérait cette créature infortunée avec une profonde compassion.

— Oh! reprit-elle tout à coup, cela revient. J'étouffe!

Elle prit sa blouse et la mordit, et ses jambes se roidissaient sur le pavé.

En ce moment la voix de jeune coq du petit Gavroche retentit dans la barricade. L'enfant était monté sur une table pour charger son fusil et chantait gaiement la chanson alors si populaire :

>   En voyant Lafayette,
>   Le gendarme répète :
> Sauvons-nous! sauvons-nous! sauvons-nous!

Eponine se souleva, et écouta, puis elle murmura :

— C'est lui.

Et se tournant vers Marius :

— Mon frère est là. Il ne faut pas qu'il me voie. Il me gronderait.

— Votre frère? demanda Marius qui songeait dans le plus amer et le plus douloureux de son cœur aux devoirs que son père lui avait légués envers les Thénardier, qui est votre frère?

— Ce petit.

— Celui qui chante?

— Oui.

Marius fit un mouvement.

— Oh! ne vous en allez pas! dit-elle, cela ne sera pas long à présent!

Elle était presque sur son séant, mais sa voix était très-basse et coupée de hoquets. Par intervalles le râle l'interrompait. Elle approchait le plus qu'elle pouvait son visage du visage de Marius. Elle ajouta avec une expression étrange :

— Écoutez, je ne veux pas vous faire une farce. J'ai dans ma poche une lettre pour vous. Depuis hier. On m'avait dit de la mettre à la poste. Je l'ai gardée. Je ne voulais pas qu'elle vous parvînt. Mais vous m'en voudriez peut-être quand nous allons nous revoir tout-à-l'heure. On se revoit, n'est-ce pas? Prenez votre lettre.

Elle saisit convulsivement la main de Marius avec sa main trouée, mais elle semblait ne plus percevoir la souffrance. Elle mit la main de Marius dans la poche de sa blouse. Marius y sentit en effet un papier.

— Prenez, dit-elle.

Marius prit la lettre.

Elle fit un signe de satisfaction et de consentement.

— Maintenant pour ma peine, promettez-moi...

Et elle s'arrêta.

— Quoi? demanda Marius.

— Promettez-moi !

— Je vous promets.

— Promettez-moi de me donner un baiser sur le front quand je serai morte. — Je le sentirai.

Elle laissa retomber sa tête sur les genoux de Marius et ses paupières se fermèrent. Il crut cette pauvre âme partie. Éponine restait immobile ; tout à coup, à l'instant où Marius la croyait à jamais endormie, elle ouvrit lentement ses yeux où apparaissait la sombre profondeur de la mort, et lui dit avec un accent dont la douceur semblait déjà venir d'un autre monde :

— Et puis, tenez, monsieur Marius, je crois que j'étais un peu amoureuse de vous.

Elle essaya encore de sourire et expira.

VII

GAVROCHE PROFOND CALCULATEUR
DES DISTANCES

Marius tint sa promesse. Il déposa un baiser sur ce front livide où perlait une sueur glacée. Ce n'était pas une infidélité à Cosette ; c'était un adieu pensif et doux à une malheureuse âme.

Il n'avait pas pris sans un tressaillement la lettre qu'Éponine lui avait donnée. Il avait tout de suite senti là un événement. Il était impatient de la lire. Le cœur de l'homme est ainsi fait, l'infortunée enfant avait à peine fermé les yeux que Marius songeait à déplier ce papier. Il la reposa doucement sur la terre et s'en alla. Quelque chose lui disait qu'il ne pouvait lire cette lettre devant ce cadavre.

Il s'approcha d'une chandelle dans la salle basse. C'était un petit billet plié et cacheté avec ce soin élégant des femmes. L'adresse était d'une écriture de femme et portait :

— A monsieur, monsieur Marius Pontmercy, chez M. Courfeyrac, rue de la Verrerie, n° 16.

Il défit le cachet et lut :

« Mon bien-aimé, hélas ! mon père veut que « nous partions tout de suite. Nous serons ce soir « rue de l'Homme-Armé, n° 7. Dans huit jours « nous serons en Angleterre. Cosette. 4 juin. »

Telle était l'innocence de ces amours que Marius ne connaissait même pas l'écriture de Cosette.

Ce qui s'était passé peut être dit en quelques mots. Éponine avait tout fait. Après la soirée du 3 juin, elle avait eu une double pensée, déjouer les projets de son père et des bandits sur la maison de la rue Plumet, et séparer Marius de Cosette. Elle avait changé de guenilles avec le premier jeune drôle venu qui avait trouvé amusant de s'habiller en femme pendant qu'Éponine se déguisait en homme. C'était elle qui au Champ de Mars avait donné à Jean Valjean l'avertissement expressif : *déménagez*. Jean Valjean était rentré en effet et avait dit à Cosette : *nous partons ce soir et nous allons rue de l'Homme-Armé avec Toussaint. La semaine prochaine nous serons à Londres.* Cosette, atterrée de ce coup inattendu, avait écrit en hâte deux lignes à Marius. Mais comment faire mettre la lettre à la poste? Elle ne sortait pas seule, et Toussaint, surprise d'une telle commission, eût à coup sûr montré la lettre à M. Fauchelevent. Dans cette anxiété, Cosette avait aperçu à travers la grille Éponine en habits d'homme, qui rôdait maintenant sans cesse autour du jardin. Cosette avait appelé « ce jeune ouvrier » et lui avait remis cinq francs et la lettre, en lui disant : portez cette lettre tout de suite à son adresse. Éponine avait mis la lettre dans sa poche. Le lendemain 5 juin, elle était allée chez Courfeyrac demander Marius, non pour lui remettre la lettre, mais, chose que toute âme jalouse et aimante comprendra, « pour voir. » Là elle avait attendu Marius, ou au moins Courfeyrac, — toujours pour voir. — Quand Courfeyrac lui avait dit : nous allons aux barricades, une idée lui avait traversé l'esprit. Se jeter dans cette mort-là comme elle se serait jetée dans toute autre, et y pousser Marius. Elle avait suivi Courfeyrac, s'était assurée de l'endroit où l'on construisait la barricade; et bien sûre, puisque Marius n'avait reçu aucun avis et qu'elle avait intercepté la lettre, qu'il serait à la nuit tombante au rendez-vous de tous les soirs, elle était allée rue Plumet, y avait attendu Marius, et lui avait envoyé, au nom de ses amis, cet appel qui devait, pensait-elle, l'amener à la barricade. Elle comptait sur le désespoir de Marius quand il ne trouverait pas Cosette ; elle ne se trompait pas. Elle était retournée de son côté rue de la Chanvrerie. On vient de voir ce qu'elle y avait fait. Elle était morte avec cette joie tragique des cœurs jaloux qui entraînent l'être aimé dans leur mort, et qui disent : personne ne l'aura!

Marius couvrit de baisers la lettre de Cosette. Elle l'aimait donc! Il eut un instant l'idée qu'il ne devait plus mourir. Puis il se dit : elle part. Son père l'emmène en Angleterre et mon grand-père se refuse au mariage. Rien n'est changé dans la fatalité. Les rêveurs comme Marius ont de ces accablements suprêmes, et il en sort des partis pris désespérés. La fatigue de vivre est insupportable; la mort, c'est plus tôt fait. Alors il songea qu'il lui restait deux devoirs à accomplir : informer Cosette de sa mort et lui envoyer un suprême adieu, et sauver de la catastrophe imminente qui se préparait ce pauvre enfant, frère d'Éponine et fils de Thénardier.

Il avait sur lui un portefeuille; le même qui avait contenu le cahier où il avait écrit tant de pensées d'amour pour Cosette. Il en arracha une feuille et écrivit au crayon ces quelques lignes :

« Notre mariage était impossible. J'ai demandé
« à mon grand-père, il a refusé; je suis sans for-
« tune, et toi aussi. J'ai couru chez toi, je ne t'ai
« plus trouvée, tu sais la parole que je t'avais
« donnée, je la tiens. Je meurs. Je t'aime. Quand
« tu liras ceci, mon âme sera près de toi, et te
« sourira. »

N'ayant rien pour cacheter cette lettre, il se borna à plier le papier en quatre et y mit cette adresse :

« *A Mademoiselle Cosette Fauchelevent, chez*
« *M. Fauchelevent, rue de l'Homme-Armé, n° 7.* »

La lettre pliée, il demeura un moment pensif, reprit son portefeuille, l'ouvrit, et écrivit avec le même crayon sur la première page ces quatre lignes :

« Je m'appelle Marius Pontmercy. Porter mon
« cadavre chez mon grand-père, M. Gillenor-
« mand, rue des Filles-du-Calvaire, n° 6, au
« Marais. »

Il remit le portefeuille dans la poche de son habit, puis il appela Gavroche. Le gamin, à la voix de Marius, accourut avec sa mine joyeuse et dévouée.

— Veux-tu faire quelque chose pour moi?

— Tout, dit Gavroche. Dieu du bon Dieu! sans vous, vrai, j'étais cuit.

— Tu vois bien cette lettre?

— Oui.

— Prends-la. Sors de la barricade sur-le-champ (Gavroche, inquiet, commença à se gratter l'oreille), et demain matin tu la remettras à son adresse, à mademoiselle Cosette, chez M. Fauchelevent, rue de l'Homme-Armé, n° 7.

L'héroïque enfant répondit :

— Ah bien, mais! pendant ce temps-là, on prendra la barricade, et je n'y serai pas.

— La barricade ne sera plus attaquée qu'au point du jour selon toute apparence et ne sera pas prise avant demain midi.

Le nouveau répit que les assaillants laissaient à la barricade se prolongeait en effet. C'était une de ces intermittences, fréquentes dans les combats nocturnes, qui sont toujours suivies d'un redoublement d'acharnement.

— Eh bien, dit Gavroche, si j'allais porter votre lettre demain matin ?

— Il sera trop tard. La barricade sera probablement bloquée, toutes les rues seront gardées, et tu ne pourras sortir. Va tout de suite.

Gavroche ne trouva rien à répliquer, il restait là, indécis, et se grattant l'oreille tristement. Tout à coup, avec un de ces mouvements d'oiseau qu'il avait, il prit la lettre.

— C'est bon, dit-il.

Et il partit en courant par la ruelle Mondétour.

Gavroche avait eu une idée qui l'avait déterminé, mais qu'il n'avait pas dite, de peur que Marius n'y fît quelque objection.

Cette idée, la voici :

— Il est à peine minuit, la rue de l'Homme-Armé n'est pas loin, je vais porter la lettre tout de suite, et je serai revenu à temps.

LIVRE QUINZIÈME

LA RUE DE L'HOMME-ARMÉ

I

BUVARD, BAVARD

Qu'est-ce que les convulsions d'une ville auprès des émeutes de l'âme? L'homme est une profondeur plus grande encore que le peuple. Jean Valjean, en ce moment-là même, était en proie à un soulèvement effrayant. Tous les gouffres s'étaient rouverts en lui. Lui aussi frissonnait, comme Paris, au seuil d'une révolution formidable et obscure. Quelques heures avaient suffi. Sa destinée et sa conscience s'étaient brusquement couvertes d'ombres. De lui aussi, comme de Paris, on pouvait dire : les deux principes sont en présence. L'ange blanc et l'ange noir vont se saisir corps à corps sur le pont de l'abîme. Lequel des deux précipitera l'autre ? Qui l'emportera ?

La veille de ce même jour 5 juin, Jean Valjean, accompagné de Cosette et de Toussaint, s'était installé rue de l'Homme-Armé. Une péripétie l'y attendait.

Cosette n'avait pas quitté la rue Plumet sans un essai de résistance. Pour la première fois depuis qu'ils existaient côte à côte, la volonté de Cosette et la volonté de Jean Valjean s'étaient montrées distinctes, et s'étaient, sinon heurtées, du moins contredites. Il y avait eu objection d'un côté et inflexibilité de l'autre. Le brusque conseil : *déménagez*, jeté par un inconnu à Jean Valjean l'avait alarmé au point de le rendre absolu. Il se croyait dépisté et poursuivi. Cosette avait dû céder.

Tous deux étaient arrivés rue de l'Homme-Armé sans desserrer les dents et sans se dire un mot, absorbés chacun dans leur préoccupation personnelle ; Jean Valjean si inquiet qu'il ne voyait pas la tristesse de Cosette, Cosette si triste qu'elle ne voyait pas l'inquiétude de Jean Valjean.

Jean Valjean avait emmené Toussaint, ce qu'il n'avait jamais fait dans ses précédentes absences. Il entrevoyait qu'il ne reviendrait peut-être pas rue Plumet, et il ne pouvait ni laisser Toussaint derrière lui, ni lui dire son secret. D'ailleurs il la sentait dévouée et sûre. De domestique à maître, la trahison commence par la curiosité. Or, Toussaint, comme si elle eût été prédestinée à être la servante de Jean Valjean, n'était pas curieuse. Elle disait à travers son bégayement, dans son parler de paysanne de Barneville : Je suis de même de même ; je chose mon fait ; le demeurant n'est pas mon travail. (Je suis ainsi ; je fais ma besogne ; le reste n'est pas mon affaire.)

Dans ce départ de la rue Plumet, qui avait été presque une fuite, Jean Valjean n'avait rien emporté que la petite valise embaumée baptisée par Cosette l'*inséparable*. Des malles pleines eussent exigé des commissionnaires, et des commissionnaires sont des témoins. On avait fait venir un fiacre à la porte de la rue Babylone, et l'on s'en était allé.

C'est à grand'peine que Toussaint avait obtenu

la permission d'empaqueter un peu de linge et de vêtements et quelques objets de toilette. Cosette, elle, n'avait emporté que sa papeterie et son buvard.

Jean Valjean, pour accroître la solitude et l'ombre de cette disparition, s'était arrangé de façon à ne quitter le pavillon de la rue Plumet qu'à la chute du jour, ce qui avait laissé à Cosette le temps d'écrire son billet à Marius. On était arrivé rue de l'Homme-Armé à la nuit close.

On s'était couché silencieusement.

Le logement de la rue de l'Homme-Armé était situé dans une arrière-cour, à un deuxième étage, et composé de deux chambres à coucher, d'une salle à manger et d'une cuisine attenante à la salle à manger avec soupente où il y avait un lit de sangle qui échut à Toussaint. La salle à manger était en même temps l'antichambre et séparait les deux chambres à coucher. L'appartement était pourvu des ustensiles nécessaires.

On se rassure presque aussi follement qu'on s'inquiète ; la nature humaine est ainsi. A peine Jean Valjean fut-il rue de l'Homme-Armé que son anxiété s'éclaircit et, par degrés, se dissipa. Il y a des lieux calmants qui agissent en quelque sorte mécaniquement sur l'esprit. Rue obscure, habitants paisibles. Jean Valjean sentit on ne sait quelle contagion de tranquillité dans cette ruelle de l'ancien Paris, si étroite qu'elle est barrée aux voitures par un madrier transversal posé sur deux poteaux, muette et sourde au milieu de la ville en rumeur, crépusculaire en plein jour, et, pour ainsi dire, incapable d'émotions entre ses deux rangées de hautes maisons centenaires qui se taisent comme des vieillards qu'elles sont. Il y a dans cette rue de l'oubli stagnant. Jean Valjean y respira. Le moyen qu'on pût le trouver là?

Son premier soin fut de mettre l'*inséparable* à côté de lui.

Il dormit bien. La nuit conseille, on peut ajouter : la nuit apaise. Le lendemain matin, il s'éveilla presque gai. Il trouva charmante la salle à manger qui était hideuse, meublée d'une vieille table ronde, d'un buffet bas que surmontait un miroir penché, d'un fauteuil vermoulu et de quelques chaises encombrées des paquets de Toussaint. Dans un de ces paquets, on apercevait par un hiatus l'uniforme de garde national de Jean Valjean.

Quant à Cosette, elle s'était fait apporter par Toussaint un bouillon dans sa chambre, et ne parut que le soir.

Vers cinq heures, Toussaint, qui allait et venait, très-occupée de ce petit emménagement, avait mis sur la table de la salle à manger une volaille froide que Cosette, par déférence pour son père, avait consenti à regarder.

Cela fait, Cosette, prétextant une migraine persistante, avait dit bonsoir à Jean Valjean et s'était enfermée dans sa chambre à coucher. Jean Valjean avait mangé une aile de poulet avec appétit, et, accoudé sur la table, rasséréné peu à peu, rentrait en possession de sa sécurité.

Pendant qu'il faisait ce sobre dîner, il avait perçu confusément, à deux ou trois reprises, le bégayement de Toussaint qui lui disait : « — Monsieur, « il y a du train, on se bat dans Paris. » Mais, absorbé dans une foule de combinaisons intérieures, il n'y avait point pris garde. A vrai dire, il n'avait pas entendu.

Il se leva, et se mit à marcher de la fenêtre à la porte et de la porte à la fenêtre, de plus en plus apaisé.

Avec le calme, Cosette, sa préoccupation unique, revenait dans sa pensée. Non qu'il s'émût de cette migraine, petite crise de nerfs, bouderie de jeune fille, nuage d'un moment, il n'y paraîtrait pas dans un jour ou deux; mais il songeait à l'avenir, et, comme d'habitude, il y songeait avec douceur. Après tout, il ne voyait aucun obstacle à ce que la vie heureuse reprît son cours. A de certaines heures, tout semble impossible; à d'autres heures, tout paraît aisé; Jean Valjean était dans une de ces bonnes heures. Elles viennent d'ordinaire après les mauvaises, comme le jour après la nuit, par cette loi de succession et de contraste qui est le fond même de la nature et que les esprits superficiels appellent antithèse. Dans cette paisible rue où il se réfugiait, Jean Valjean se dégageait de tout ce qui l'avait troublé depuis quelque temps. Par cela même qu'il avait vu beaucoup de ténèbres, il commençait à apercevoir un peu d'azur. Avoir quitté la rue Plumet sans complication et sans incident, c'était déjà un bon pas de fait. Peut-être serait-il sage de se dépayser, ne fût-ce que pour quelques mois, et d'aller à Londres. Eh bien, on irait. Être en France, être en Angleterre, qu'est-ce que cela faisait, pourvu qu'il eût près de lui Cosette? Cosette était sa nation. Cosette suffisait à son bonheur; l'idée qu'il ne suffisait peut-être pas, lui, au bonheur de Cosette, cette idée, qui avait été autrefois sa fièvre et son insomnie, ne se présentait même pas à son esprit. Il était dans le collapsus de toutes ses douleurs passées, et en plein optimisme. Cosette, étant près de lui, lui semblait à lui; effet d'optique que tout le monde a éprouvé. Il arrangeait en lui-même, et avec toutes sortes de facilités, le départ pour l'Angleterre avec Cosette, et il voyait sa félicité se reconstruire n'importe où dans les perspectives de sa rêverie.

Tout en marchant de long en large à pas lents, son regard rencontra tout à coup quelque chose d'étrange.

Il aperçut en face de lui, dans le miroir incliné qui surmontait le buffet, et il lut distinctement les quatre lignes que voici :

« Mon bien-aimé, hélas! mon père veut que
« nous partions tout de suite. Nous serons ce soir
« rue de l'Homme-Armé, n° 7. Dans huit jours
« nous serons à Londres. — Cosette. 4 juin. »

Jean Valjean s'arrêta hagard.

Cosette en arrivant avait posé son buvard sur le buffet devant le miroir, et, toute à sa douloureuse angoisse, l'avait oublié là, sans même remarquer qu'elle le laissait tout ouvert, et ouvert précisément à la page sur laquelle elle avait appuyé, pour les sécher, les quatre lignes écrites par elle et dont elle avait chargé le jeune ouvrier passant rue Plumet. L'écriture s'était imprimée sur le buvard.

Le miroir reflétait l'écriture.

Il en résultait ce qu'on appelle en géométrie l'image symétrique; de telle sorte que l'écriture renversée sur le buvard s'offrait redressée dans le miroir et présentait son sens naturel; et Jean Valjean avait sous les yeux la lettre écrite la veille par Marius à Cosette.

C'était simple et foudroyant.

Jean Valjean alla au miroir. Il relut les quatre lignes, mais il n'y crut point. Elles lui faisaient l'effet d'apparaître dans de la lueur d'éclair. C'était une hallucination. Cela était impossible. Cela n'était pas.

Peu à peu sa perception devint plus précise; il regarda le buvard de Cosette, et le sentiment du fait réel lui revint. Il prit le buvard et dit : Cela vient de là. Il examina fiévreusement les quatre lignes imprimées sur le buvard, le renversement des lettres en faisait un griffonnage bizarre, et il n'y vit aucun sens. Alors il se dit : Mais cela ne signifie rien, il n'y a rien d'écrit là. Et il respira à pleine poitrine avec un inexprimable soulagement. Qui n'a pas eu de ces joies bêtes dans les instants horribles? L'âme ne se rend pas au désespoir sans avoir épuisé toutes les illusions.

Il tenait le buvard à la main et le contemplait, stupidement heureux, presque prêt à rire de l'hallucination dont il avait été dupe. Tout à coup ses yeux retombèrent sur le miroir, et il revit la vision. Les quatre lignes s'y dessinaient avec une netteté inexorable. Cette fois ce n'était pas un mirage. La récidive d'une vision est une réalité, c'était palpable, c'était l'écriture redressée dans le miroir. Il comprit.

Jean Valjean chancela, laissa échapper le buvard, et s'affaissa dans le vieux fauteuil à côté du buffet, la tête tombante, la prunelle vitreuse, égaré. Il se dit que c'était évident, et que la lumière du monde était à jamais éclipsée, et que Cosette avait écrit cela à quelqu'un. Alors il entendit son âme, redevenue terrible, pousser dans les ténèbres un sourd rugissement. Allez donc ôter au lion le chien qu'il a dans sa cage !

Chose bizarre et triste, en ce moment-là, Marius n'avait pas encore la lettre de Cosette ; le hasard l'avait portée en traître à Jean Valjean avant de la remettre à Marius.

Jean Valjean jusqu'à ce jour n'avait pas été vaincu par l'épreuve. Il avait été soumis à des essais affreux ; pas une voie de fait de la mauvaise fortune ne lui avait été épargnée ; la férocité du sort, armée de toutes les vindictes et de toutes les méprises sociales, l'avait pris pour sujet et s'était acharnée sur lui. Il n'avait reculé ni fléchi devant rien. Il avait accepté, quand il l'avait fallu, toutes les extrémités ; il avait sacrifié son inviolabilité d'homme reconquise, livré sa liberté, risqué sa tête, tout perdu, tout souffert, et il était resté désintéressé et stoïque, au point que par moments on aurait pu le croire absent de lui-même comme un martyr. Sa conscience, aguerrie à tous les assauts possibles de l'adversité, pouvait sembler à jamais imprenable. Eh bien, quelqu'un qui eût vu son for intérieur eût été forcé de constater qu'à cette heure elle faiblissait.

C'est que de toutes les tortures qu'il avait subies dans cette longue question que lui donnait la destinée, celle-ci était la plus redoutable. Jamais pareille tenaille ne l'avait saisi. Il sentit le remuement mystérieux de toutes les sensibilités latentes. Il sentit le pincement de la fibre inconnue. Hélas, l'épreuve suprême, disons mieux, l'épreuve unique, c'est la perte de l'être aimé.

Le pauvre vieux Jean Valjean n'aimait, certes, pas Cosette autrement que comme un père; mais, nous l'avons fait remarquer plus haut, dans cette paternité la viduité même de sa vie avait introduit tous les amours; il aimait Cosette comme sa fille, et il l'aimait comme sa mère, et il l'aimait comme sa sœur; et, comme il n'avait jamais eu ni amante ni épouse, comme la nature est un créancier qui n'accepte aucun protêt, ce sentiment-là aussi, le plus imperdable de tous, était mêlé aux autres, vague, ignorant, pur de la pureté de l'aveuglement, inconscient, céleste, angélique, divin ; moins comme un sentiment que comme un instinct, moins comme un instinct que comme un attrait, imperceptible et invisible, mais réel; et l'amour proprement dit était dans sa tendresse énorme pour Cosette comme le filon d'or est dans la montagne, ténébreux et vierge.

Qu'on se rappelle cette situation de cœur que nous avons indiquée déjà. Aucun mariage n'était possible entre eux; pas même celui des âmes; et cependant il est certain que leurs destinées s'étaient épousées. Excepté Cosette, c'est-à-dire excepté une enfance, Jean Valjean n'avait, dans toute sa longue vie, rien connu de ce qu'on peut aimer. Les passions et les amours qui se succèdent n'avaient point fait en lui de ces verts successifs, vert tendre sur vert sombre, qu'on remarque sur les feuillages qui passent l'hiver et sur les hommes qui passent la cinquantaine. En somme, et nous y avons plus d'une fois insisté, toute cette fusion intérieure, tout cet ensemble, dont la résultante était une haute vertu, aboutissait à faire de Jean Valjean un père pour Cosette. Père étrange forgé de l'aïeul, du fils, du frère et du mari, qu'il y avait dans Jean Valjean; père dans lequel il y avait même une mère; père qui aimait Cosette et qui l'adorait, et qui avait cette enfant pour lumière, pour demeure, pour famille, pour patrie, pour paradis.

Aussi, quand il vit que c'était décidément fini, qu'elle lui échappait, qu'elle glissait de ses mains, qu'elle se dérobait, que c'était du nuage, que c'était de l'eau, quand il eut devant les yeux cette évidence écrasante : Un autre est le but de son cœur, un autre est le souhait de sa vie; il y a le bien-aimé; je ne suis que le père; je n'existe plus; quand il ne put plus douter, quand il se dit : Elle s'en va hors de moi! la douleur qu'il éprouva dépassa le possible. Avoir fait tout ce qu'il avait fait pour en venir là! et, quoi donc! n'être rien! Alors, comme nous venons de le dire, il eut de la tête aux pieds un frémissement de révolte. Il sentit jusque dans la racine de ses cheveux l'immense réveil de l'égoïsme, et le moi hurla dans l'abîme de cet homme.

Il y a des effondrements intérieurs. La pénétration d'une certitude désespérante dans l'homme ne se fait point sans écarter et rompre de certains éléments profonds qui sont quelquefois l'homme lui-même. La douleur, quand elle arrive à ce degré, est un sauve-qui-peut de toutes les forces de la conscience. Ce sont là des crises fatales. Peu d'entre nous en sortent semblables à eux-mêmes et fermes dans le devoir. Quand la limite de la souffrance est débordée, la vertu la plus imperturbable se déconcerte. Jean Valjean reprit le buvard, et se convainquit de nouveau; il resta penché et comme pétrifié sur les quatre lignes irrécusables, l'œil fixe; et il se fit en lui un tel nuage qu'on eût pu croire que tout le dedans de cette âme s'écroulait.

Il examina cette révélation, à travers les grossissements de la rêverie, avec un calme apparent et effrayant, car c'est une chose redoutable quand le calme de l'homme arrive à la froideur de la statue.

Il mesura le pas épouvantable que sa destinée avait fait sans qu'il s'en doutât; il se rappela ses craintes de l'autre été, si follement dissipées; il reconnut le précipice; c'était toujours le même; seulement Jean Valjean n'était plus au seuil, il était au fond.

Chose inouïe et poignante, il était tombé sans s'en apercevoir. Toute la lumière de sa vie s'en était allée, lui croyant voir toujours le soleil.

Son instinct n'hésita point. Il rapprocha certaines circonstances, certaines dates, certaines rougeurs et certaines pâleurs de Cosette, et il se dit : C'est lui. La divination du désespoir est une sorte d'arc mystérieux qui ne manque jamais son coup. Dès sa première conjecture, il atteignit Marius. Il ne savait pas le nom, mais il trouva tout de suite l'homme. Il aperçut distinctement, au fond de l'implacable évocation du souvenir, le rôdeur inconnu du Luxembourg, ce misérable chercheur d'amourettes, ce fainéant de romance, cet imbécile, ce lâche, car c'est une lâcheté de venir faire les yeux doux à des filles qui ont à côté d'elles leur père qui les aime.

Après qu'il eut bien constaté qu'au fond de cette situation il y avait ce jeune homme, et que tout venait de là, lui, Jean Valjean, l'homme régénéré, l'homme qui avait tant travaillé à son âme, l'homme qui avait fait tant d'efforts pour résoudre toute la vie, toute la misère et tout le malheur en amour, il regarda en lui-même et il y vit un spectre, la Haine.

Les grandes douleurs contiennent de l'accablement. Elles découragent d'être. L'homme chez lequel elles entrent sent quelque chose se retirer de lui. Dans la jeunesse, leur visite est lugubre; plus tard, elle est sinistre. Hélas, quand le sang est chaud, quand les cheveux sont noirs, quand la tête est droite sur le corps comme la flamme sur le flambeau, quand le rouleau de la destinée a encore presque toute son épaisseur, quand le cœur, plein d'un amour désirable, a encore des battements qu'on peut lui rendre, quand on a devant soi le temps de réparer, quand toutes les femmes sont là, et tous les sourires, et tout l'avenir, et tout l'horizon, quand la force de la vie est complète, si c'est une chose effroyable que le désespoir, qu'est-ce donc dans la vieillesse, quand les années se précipitent de plus en plus blêmissantes, à cette heure crépusculaire où l'on commence à voir les étoiles de la tombe!

Tandis qu'il songeait, Toussaint entra. Jean Valjean se leva, et lui demanda :

— De quel côté est-ce? savez-vous?

Toussaint, stupéfaite, ne put que lui répondre :
— Plaît-il?

Jean Valjean reprit :

— Ne m'avez-vous pas dit tout à l'heure qu'on se bat?

— Ah! oui, monsieur, répondit Toussaint. C'est du côté de Saint-Merry.

Il y a tel mouvement machinal qui nous vient, à notre insu même, de notre pensée la plus profonde. Ce fut sans doute sous l'impulsion d'un mouvement de ce genre, et dont il avait à peine conscience, que Jean Valjean se trouva cinq minutes après dans la rue.

Il était nu-tête, assis sur la borne de la porte de sa maison. Il semblait écouter.

La nuit était venue.

II

LE GAMIN ENNEMI DES LUMIÈRES

Combien de temps passa-t-il ainsi? Quels furent les flux et les reflux de cette méditation tragique? se redressa-t-il? resta-t-il ployé? avait-il été courbé jusqu'à être brisé? pouvait-il se redresser encore et reprendre pied dans sa conscience sur quelque chose de solide? Il n'aurait probablement pu le dire lui-même.

La rue était déserte. Quelques bourgeois inquiets

qui rentraient rapidement chez eux l'aperçurent à peine. Chacun pour soi dans les temps de péril. L'allumeur de nuit vint comme à l'ordinaire allumer le réverbère qui était précisément placé en face de la porte du n° 7, et s'en alla. Jean Valjean, à qui l'eût examiné dans cette ombre, n'eût pas semblé un homme vivant. Il était là, assis sur la borne de sa porte, immobile comme une larve de glace. Il y a de la congélation dans le désespoir. On entendait le tocsin et de vagues rumeurs orageuses. Au milieu de toutes ces convulsions de la cloche mêlée à l'émeute, l'horloge de Saint-Paul sonna onze heures, gravement et sans se hâter, car le tocsin, c'est l'homme; l'heure, c'est Dieu. Le passage de l'heure ne fit rien à Jean Valjean; Jean Valjean ne remua pas. Cependant, à peu près vers ce moment-là, une brusque détonation éclata du côté des halles, une seconde la suivit, plus violente encore; c'était probablement cette attaque de la barricade de la rue de la Chanvrerie que nous venons de voir repoussée par Marius. A cette double décharge, dont la furie semblait accrue par la stupeur de la nuit, Jean Valjean tressaillit; il se dressa du côté d'où le bruit venait; puis il retomba sur la borne, il croisa les bras, et sa tête revint lentement se poser sur sa poitrine.

Il reprit son ténébreux dialogue avec lui-même.

Tout à coup il leva les yeux, on marchait dans la rue, il entendait des pas près de lui, il regarda, et, à la lueur du réverbère, du côté de la rue qui aboutit aux Archives, il aperçut une figure livide, jeune et radieuse.

Gavroche venait d'arriver rue de l'Homme-Armé.

Gavroche regardait en l'air, et paraissait chercher. Il voyait parfaitement Jean Valjean, mais il ne s'en apercevait pas.

Gavroche, après avoir regardé en l'air, regardait en bas ; il se haussait sur la pointe des pieds et tâtait les portes et les fenêtres des rez-de-chaussée ; elles étaient toutes fermées, verrouillées et cadenassées. Après avoir constaté cinq ou six devantures de maisons barricadées de la sorte, le gamin haussa les épaules, et entra en matière avec lui-même en ces termes :

— Pardi !

Puis il se remit à regarder en l'air.

Jean Valjean, qui, l'instant d'auparavant, dans la situation d'âme où il était, n'eût parlé ni même répondu à personne, se sentit irrésistiblement poussé à adresser la parole à cet enfant.

— Petit, dit-il, qu'est-ce que tu as?

— J'ai que j'ai faim, répondit Gavroche nettement. Et il ajouta : Petit vous-même.

Jean Valjean fouilla dans son gousset et en tira une pièce de cinq francs.

Mais Gavroche, qui était de l'espèce du hochequeue et qui passait vite d'un geste à l'autre, venait de ramasser une pierre. Il avait aperçu le réverbère.

— Tiens, dit-il, vous avez encore vos lanternes ici. Vous n'êtes pas en règle, mes amis. C'est du désordre. Cassez-moi ça.

Et il jeta la pierre dans le réverbère dont la vitre tomba avec un tel fracas que des bourgeois, blottis sous leurs rideaux dans la maison d'en face, crièrent : Voilà Quatre-vingt-treize!

Le réverbère oscilla violemment et s'éteignit. La rue devint brusquement noire.

— C'est ça, la vieille rue, fit Gavroche, mets ton bonnet de nuit.

Et se tournant vers Jean Valjean :

— Comment est-ce que vous appelez ce monument gigantesque que vous avez là au bout de la rue? C'est les Archives, pas vrai? Il faudrait me chiffonner un peu ces grosses bêtes de colonnes-là, et en faire gentiment une barricade.

Jean Valjean s'approcha de Gavroche.

— Pauvre être, dit-il à demi-voix et se parlant à lui-même, il a faim.

Et il lui mit la pièce de cent sous dans la main.

Gavroche leva le nez, étonné de la grandeur de ce gros sou; il le regarda dans l'obscurité, et la blancheur du gros sou l'éblouit. Il connaissait les pièces de cinq francs par ouï-dire; leur réputation lui était agréable; il fut charmé d'en voir une de près. Il dit : contemplons le tigre.

Il le considéra quelques instants avec extase; puis, se retournant vers Jean Valjean, il lui tendit la pièce et lui dit majestueusement :

— Bourgeois, j'aime mieux casser les lanternes. Reprenez votre bête féroce. On ne me corrompt point. Ça a cinq griffes; mais ça ne m'égratigne pas.

— As-tu une mère? demanda Jean Valjean.

Gavroche répondit :

— Peut-être plus que vous.

— Eh bien, reprit Jean Valjean, garde cet argent pour ta mère.

Gavroche se sentit remué. D'ailleurs il venait de remarquer que l'homme qui lui parlait n'avait pas de chapeau, et cela lui inspirait confiance.

— Vrai, dit-il, ce n'est pas pour m'empêcher de casser les réverbères?

— Casse tout ce que tu voudras.

— Vous êtes un brave homme, dit Gavroche.

Et il mit la pièce de cinq francs dans une de ses poches.

Sa confiance croissant, il ajouta :

— Êtes-vous de la rue?

— Oui, pourquoi?

— Pourriez-vous m'indiquer le numéro 7?

— Pourquoi faire, le numéro 7?

Ici l'enfant s'arrêta, il craignit d'en avoir trop dit, il plongea énergiquement ses ongles dans ses cheveux, et se borna à répondre :

— Ah! voilà.

Une idée traversa l'esprit de Jean Valjean. L'angoisse a de ces lucidités-là. Il dit à l'enfant :

— Est-ce que c'est toi qui m'apportes la lettre que j'attends?

— Vous? dit Gavroche. Vous n'êtes pas une femme.

— La lettre est pour mademoiselle Cosette, n'est-ce pas?

— Cosette? grommela Gavroche. Oui, je crois que c'est ce drôle de nom-là.

— Eh bien, reprit Jean Valjean, c'est moi qui dois lui remettre la lettre. Donne.

— En ce cas, vous devez savoir que je suis envoyé de la barricade?

— Sans doute, dit Jean Valjean.

Gavroche engloutit son poing dans une autre de ses poches et en tira un papier plié en quatre.

Puis il fit le salut militaire.

— Respect à la dépêche, dit-il. Elle vient du gouvernement provisoire.

— Donne, dit Jean Valjean.

Gavroche tenait le papier élevé au-dessus de sa tête.

— Ne vous imaginez pas que c'est là un billet doux. C'est pour une femme, mais c'est pour le peuple. Nous autres, nous nous battons, et nous respectons le sexe. Nous ne sommes pas comme dans le grand monde où il y a des lions qui envoient des poulets à des chameaux.

— Donne.

— Au fait, continua Gavroche, vous m'avez l'air d'un brave homme.

— Donne vite.

— Tenez.

Et il remit le papier à Jean Valjean.

— Et dépêchez-vous, monsieur Chose, puisque mamselle Chosette attend.

Gavroche fut satisfait d'avoir produit ce mot.

Jean Valjean reprit :

— Est-ce à Saint-Merry qu'il faudra porter la réponse ?

— Vous feriez là, s'écria Gavroche, une de ces pâtisseries vulgairement nommées brioches. Cette lettre vient de la barricade de la rue de la Chanvrerie, et j'y retourne. Bonsoir, citoyen.

Cela dit, Gavroche s'en alla, ou, pour mieux dire, reprit vers le lieu d'où il venait son vol d'oiseau échappé. Il se replongea dans l'obscurité comme s'il y faisait un trou, avec la rapidité rigide d'un projectile ; la ruelle de l'Homme-Armé redevint silencieuse et solitaire ; en un clin d'œil, cet étrange enfant, qui avait de l'ombre et du rêve en lui, s'était enfoncé dans la brume de ces rangées de maisons

noires, et s'y était perdu comme de la fumée dans
des ténèbres; et l'on eût pu le croire dissipé et évanoui, si, quelques minutes après sa disparition, une
éclatante cassure de vitre et le patatras splendide
d'un réverbère croulant sur le pavé n'eussent brusquement réveillé de nouveau les bourgeois indignés.
C'était Gavroche qui passait rue du Chaume.

III

PENDANT QUE COSETTE ET TOUSSAINT DORMENT

Jean Valjean rentra avec la lettre de Marius.

Il monta l'escalier à tâtons, satisfait des ténèbres comme le hibou qui tient sa proie, ouvrit et referma doucement sa porte, écouta s'il n'entendait aucun bruit, constata que, selon toute apparence, Cosette et Toussaint dormaient, plongea dans la bouteille du briquet Fumade trois ou quatre allumettes avant de pouvoir faire jaillir l'étincelle, tant sa main tremblait ; il y avait du vol dans ce qu'il venait de faire. Enfin, sa chandelle fut allumée, il s'accouda sur la table, déplia le papier, et lut.

Dans les émotions violentes, on ne lit pas, on terrasse pour ainsi dire le papier qu'on tient, on l'étreint comme une victime, on le froisse, on enfonce dedans les ongles de sa colère ou de son allégresse ; on court à la fin, on saute au commencement ; l'attention a la fièvre ; elle comprend en gros, à peu près, l'essentiel ; elle saisit un point, et tout le reste disparaît. Dans le billet de Marius à Cosette, Jean Valjean ne vit que ces mots :

« ... Je meurs. Quand tu liras ceci, mon âme sera près de toi. »

En présence de ces deux lignes, il eut un éblouissement horrible ; il resta un moment comme écrasé du changement d'émotion qui se faisait en lui, il regardait le billet de Marius avec une sorte d'étonnement ivre ; il avait devant les yeux cette splendeur, la mort de l'être haï.

Il poussa un affreux cri de joie intérieure. Ainsi, c'était fini. Le dénoûment arrivait plus vite qu'on n'eût osé l'espérer. L'être qui encombrait sa destinée disparaissait. Il s'en allait de lui-même, librement, de bonne volonté. Sans que lui, Jean Valjean, eût rien fait pour cela, sans qu'il y eût de sa faute, « cet homme » allait mourir. Peut-être même était-il déjà mort. — Ici sa fièvre fit des calculs. — Non. Il n'est pas encore mort. La lettre a été visiblement écrite pour être lue par Cosette le lendemain matin ; depuis ces deux décharges qu'on a entendues entre onze heures et minuit, il n'y a rien eu ; la barricade ne sera sérieusement attaquée qu'au point du jour ; mais c'est égal, du moment où « cet homme » est mêlé à cette guerre, il est perdu ; il est pris dans l'engrenage. — Jean Valjean se sentait délivré. Il allait donc, lui, se retrouver seul avec Cosette. La concurrence cessait ; l'avenir recommençait. Il n'avait qu'à garder ce billet dans sa poche. Cosette ne saurait jamais ce que « cet homme » était devenu. « Il n'y a qu'à « laisser les choses s'accomplir. Cet homme ne « peut échapper. S'il n'est pas mort encore, il est « sûr qu'il va mourir. Quel bonheur ! »

Tout cela dit en lui-même, il devint sombre.

Puis il descendit et réveilla le portier.

Environ une heure après, Jean Valjean sortait en habit complet de garde national et en armes. Le portier lui avait aisément trouvé dans le voisinage de quoi compléter son équipement. Il avait un fusil chargé et une giberne pleine de cartouches. Il se dirigea du côté des halles.

IV

LES EXCÈS DE ZÈLE DE GAVROCHE

Cependant il venait d'arriver une aventure à Gavroche.

Gavroche, après avoir consciencieusement lapidé le réverbère de la rue du Chaume, aborda la rue des Vieilles-Haudriettes, et n'y voyant pas « un chat, » trouva l'occasion bonne pour entonner toute la chanson dont il était capable. Sa marche, loin de se ralentir par le chant, s'en accélérait. Il se mit à semer le long des maisons endormies ou terrifiées ces couplets incendiaires :

>L'oiseau médit dans les charmilles,
>Et prétend qu'hier Atala
>Avec un russe s'en alla.
>
>>Où vont les belles filles,
>>Lon la.
>
>Mon ami pierrot, tu babilles,
>Parce que l'autre jour Mila
>Cogna sa vitre, et m'appela.
>
>>Où vont les belles filles,
>>Lon la.
>
>Les drôlesses sont fort gentilles;
>Leur poison qui m'ensorcela
>Griserait monsieur Orfila.
>
>>Où vont les belles filles,
>>Lon la.
>
>J'aime l'amour et ses bisbilles,
>J'aime Agnès, j'aime Paméla,
>Lise en m'allumant se brûla.
>
>>Où vont les belles filles,
>>Lon la.

Jadis, quand je vis les mantilles
De Suzette et de Zeila,
Mon âme à leurs plis se mêla.

    Où vont les belles filles,
        Lon la.

Amour, quand, dans l'ombre où tu brilles,
Tu coiffes de roses Lola,
Je me damnerais pour cela.

    Où vont les belles filles,
        Lon la.

Jeanne, à ton miroir tu t'habilles !
Mon cœur un beau jour s'envola ;
Je crois que c'est Jeanne qui l'a.

    Où vont les belles filles,
        Lon la.

Le soir, en sortant des quadrilles,
Je montre aux étoiles Stella
Et je leur dis : regardez-la.

    Où vont les belles filles,
        Lon la.

Gavroche, tout en chantant, prodiguait la pantomime. Le geste est le point d'appui du refrain. Son visage, inépuisable répertoire de masques, faisait des grimaces plus convulsives et plus fantasques que les bouches d'un linge troué dans un grand vent. Malheureusement, comme il était seul et dans la nuit, cela n'était ni vu, ni visible. Il y a de ces richesses perdues.

Soudain il s'arrêta court.

— Interrompons la romance, dit-il.

Sa prunelle féline venait de distinguer dans le renfoncement d'une porte cochère ce qu'on appelle en peinture un ensemble; c'est-à-dire un être et une chose; la chose était une charrette à bras, l'être était un auvergnat qui dormait dedans.

Les bras de la charrette s'appuyaient sur le pavé et la tête de l'auvergnat s'appuyait sur le tablier de la charrette. Son corps se pelotonnait sur ce plan incliné et ses pieds touchaient la terre.

Gavroche, avec son expérience des choses de ce monde, reconnut un ivrogne.

C'était quelque commissionnaire du coin qui avait trop bu et qui dormait trop.

— Voilà, pensa Gavroche, à quoi servent les nuits d'été. L'auvergnat s'endort dans sa charrette. On prend la charrette pour la république et on laisse l'auvergnat à la monarchie.

Son esprit venait d'être illuminé par la clarté que voici :

— Cette charrette ferait joliment bien sur notre barricade.

L'auvergnat ronflait.

Gavroche tira doucement la charrette par l'arrière et l'auvergnat par l'avant, c'est-à-dire par les pieds, et, au bout d'une minute, l'auvergnat, imperturbable, reposait à plat sur le pavé.

La charrette était délivrée.

Gavroche, habitué à faire face de toutes parts à l'imprévu, avait toujours tout sur lui. Il fouilla dans une de ses poches, et en tira un chiffon de papier et un bout de crayon rouge chipé à quelque charpentier.

Il écrivit :

« *République française.*

« Reçu ta charrette. »

Et il signa : « GAVROCHE. »

Cela fait, il mit le papier dans la poche du gilet de velours de l'auvergnat toujours ronflant, saisit le brancard dans ses deux poings, et partit, dans la direction des halles, poussant devant lui la charrette au grand galop avec un glorieux tapage triomphal.

Ceci était périlleux. Il y avait un poste à l'Imprimerie royale. Gavroche n'y songeait pas. Ce poste était occupé par des gardes nationaux de la banlieue. Un certain éveil commençait à émouvoir l'escouade, et les têtes se soulevaient sur les lits de camp. Deux réverbères brisés coup sur coup, cette chanson chantée à tue-tête, cela était beaucoup pour des rues si poltronnes, qui ont envie de dormir au coucher du soleil, et qui mettent de si bonne heure leur éteignoir sur leur chandelle. Depuis une heure le gamin faisait dans cet arrondissement paisible le vacarme d'un moucheron dans une bouteille. Le sergent de la banlieue écoutait. Il attendait. C'était un homme prudent.

Le roulement forcené de la charrette combla la mesure de l'attente possible, et détermina le sergent à tenter une reconnaissance.

— Ils sont là toute une bande! dit-il, allons doucement.

Il était clair que l'hydre de l'anarchie était

sortie de sa boîte et qu'elle se démenait dans le quartier.

Et le sergent se hasarda hors du poste à pas sourds.

Tout à coup, Gavroche, poussant sa charrette, au moment où il allait déboucher de la rue des Vieilles-Haudriettes, se trouva face à face avec un uniforme, un shako, un plumet et un fusil.

Pour la seconde fois, il s'arrêta net.

— Tiens, dit-il, c'est lui. Bonjour, l'ordre public.

Les étonnements de Gavroche étaient courts et dégelaient vite.

— Où vas-tu, voyou? cria le sergent.

— Citoyen, dit Gavroche, je ne vous ai pas encore appelé bourgeois. Pourquoi m'insultez-vous?

— Où vas-tu, drôle?

— Monsieur, reprit Gavroche, vous étiez peut-être hier un homme d'esprit, mais vous avez été destitué ce matin.

— Je te demande où tu vas, gredin?

Gavroche répondit :

— Vous parlez gentiment. Vrai, on ne vous

donnerait pas votre âge. Vous devriez vendre tous vos cheveux cent francs la pièce. Cela vous ferait cinq cents francs.

— Où vas-tu? où vas-tu? où vas-tu, bandit?

Gavroche repartit :

— Voilà de vilains mots. La première fois qu'on vous donnera à teter, il faudra qu'on vous essuie mieux la bouche.

Le sergent croisa la baïonnette.

— Me diras-tu où tu vas, à la fin, misérable?

— Mon général, dit Gavroche, je vas chercher le médecin pour mon épouse qui est en couche.

— Aux armes! cria le sergent.

Se sauver par ce qui vous a perdu, c'est là le chef-d'œuvre des hommes forts; Gavroche mesura d'un coup d'œil toute la situation. C'était la charrette qui l'avait compromis, c'était à la charrette de le protéger.

Au moment où le sergent allait fondre sur Gavroche, la charrette, devenue projectile et lancée à tour de bras, roulait sur lui avec furie, et le sergent, atteint en plein ventre, tombait à la renverse dans le ruisseau pendant que son fusil partait en l'air.

Au cri du sergent, les hommes du poste étaient sortis pêle-mêle; le coup de fusil détermina une décharge générale au hasard, après laquelle on rechargea les armes et l'on recommença.

Cette mousquetade à colin-maillard dura un bon quart d'heure, et tua quelques carreaux de vitre.

Cependant Gavroche, qui avait éperdument rebroussé chemin, s'arrêtait à cinq ou six rues de là, et s'asseyait haletant sur la borne qui fait le coin des Enfants-Rouges.

Il prêtait l'oreille.

Après avoir soufflé quelques instants, il se tourna du côté où la fusillade faisait rage, éleva sa main gauche à la hauteur de son nez, et la lança trois fois en avant en se frappant de la main droite le derrière de la tête ; geste souverain dans lequel la gaminerie parisienne a condensé l'ironie française, et qui est évidemment efficace, puisqu'il a déjà duré un demi-siècle.

Cette gaieté fut troublée par une réflexion amère.

— Oui, dit-il, je pouffe, je me tords, j'abonde en joie, mais je perds ma route, il va falloir faire un détour. Pourvu que j'arrive à temps à la barricade!

Là-dessus, il reprit sa course.

Et tout en courant :

— Ah çà, où en étais-je donc ? dit-il.

Il se remit à chanter sa chanson en s'enfonçant rapidement dans les rues, et ceci décrut dans les ténèbres :

>Mais il reste encor des bastilles,
>Et je vais mettre le holà
>Dans l'ordre public que voilà.
>
>>Où vont les belles filles,
>>Lon la.
>
>Quelqu'un veut-il jouer aux quilles?
>Tout l'ancien monde s'écroula
>Quand la grosse boule roula.
>
>>Où vont les belles filles,
>>Lon la.
>
>Vieux bon peuple, à coups de béquilles,
>Cassons ce Louvre où s'étala
>La monarchie en falbala.
>
>>Où vont les belles filles,
>>Lon la.

Nous en avons forcé les grilles,
Le roi Charles-Dix ce jour-là
Tenait mal et se décolla.

 Où vont les belles filles,
  Lon la.

La prise d'armes du poste ne fut point sans résultat. La charrette fut conquise, l'ivrogne fut fait prisonnier. L'une fut mise en fourrière ; l'autre fut plus tard un peu poursuivi devant les conseils de guerre comme complice. Le ministère public d'alors fit preuve en cette circonstance de son zèle infatigable pour la défense de la société.

L'aventure de Gavroche, restée dans la tradition du quartier du Temple, est un des souvenirs les plus terribles des vieux bourgeois du Marais, et est intitulée dans leur mémoire : Attaque nocturne du poste de l'Imprimerie royale.

FIN DU TOME HUITIÈME
ET DE LA QUATRIÈME PARTIE

TABLE

TABLE

DU TOME HUITIÈME

QUATRIÈME PARTIE

L'IDYLLE RUE PLUMET
ET L'ÉPOPÉE RUE SAINT-DENIS

LIVRE HUITIÈME

LES ENCHANTEMENTS ET LES DÉSOLATIONS

i. Pleine lumière.   3
ii. L'étourdissement du bonheur complet   45

III. Commencement d'ombre. 21
IV. Cab roule en anglais et jappe en argot 29
V. Choses de la nuit. 45
VI. Marius redevient réel au point de donner son adresse à Cosette. 47
VII. Le vieux cœur et le jeune cœur en présence. . 61

LIVRE NEUVIÈME

OU VONT-ILS ?

I. Jean Valjean 89
II. Marius 93
III. M. Mabœuf. 99

LIVRE DIXIÈME

LE 5 JUIN 1832

I. La surface de la question 109
II. Le fond de la question. 117
III. Un enterrement : occasion de renaître. . . . 129
IV. Les bouillonnements d'autrefois. 141
V. Originalité de Paris 153

LIVRE ONZIÈME

L'ATOME FRATERNISE AVEC L'OURAGAN

I.	Quelques éclaircissements sur les origines de la poésie de Gavroche. — Influence d'un academicien sur cette poésie.	461
II.	Gavroche en marche.	467
III.	Juste indignation d'un perruquier.	475
IV.	L'enfant s'étonne du vieillard.	479
V.	Le vieillard.	483
VI.	Recrues.	487

LIVRE DOUZIÈME

CORINTHE

I.	Histoire de Corinthe depuis sa fondation.	493
II.	Gaietés préalables.	503
III.	La nuit commence à se faire sur Grantaire.	525
IV.	Essai de consolation sur la veuve Hucheloup.	533
V.	Les préparatifs.	541
VI.	En attendant.	547
VII.	L'homme recruté rue des Billettes.	553

VIII. lusieurs points d'interrogation à propos d'un nommé Le Cabuc qui ne se nommait peut-être pas Le Cabuc. 264

LIVRE TREIZIÈME

MARIUS ENTRE DANS L'OMBRE

I. De la rue Plumet au quartier Saint-Denis. . . 273
II. Paris à vol de hibou. 281
III. L'extrême bord 287

LIVRE QUATORZIÈME

LES GRANDEURS DU DÉSESPOIR

I. Le drapeau : premier acte. 301
II. Le drapeau : deuxième acte. 307
III. Gavroche aurait mieux fait d'accepter la carabine d'Enjolras. 313
IV. Le baril de poudre 317
V. Fin des vers de Jean Prouvaire. 323
VI. L'agonie de la mort après l'agonie de la vie. . . 329
VII. Gavroche profond calculateur des distances. . . 339

TABLE.

LIVRE QUINZIÈME

LA RUE DE L'HOMME-ARMÉ

I. Buvard, bavard.	349
II. Le gamin ennemi des lumières.	367
III. Pendant que Cosette et Toussaint dorment. . .	377
IV. Les excès de zèle de Gavroche.	381

PARIS. — IMPRIMERIE DE J. CLAYE, RUE SAINT-BENOIT, 7.

LES · MISÉRABLES·

SONT DIVISÉS

En CINQ PARTIES de DEUX VOLUMES chacune.

Ire PARTIE

FANTINE

IIe PARTIE   IIIe PARTIE

COSETTE | MARIUS

IVe PARTIE

L'IDYLLE RUE PLUMET ET L'ÉPOPÉE RUE SAINT-DENIS

Ve PARTIE

JEAN VALJEAN

La quatrième partie, L'IDYLLE RUE PLUMET ET L'ÉPOPÉE RUE SAINT-DENIS, paraîtra le 1er juin.

La cinquième partie, JEAN VALJEAN, paraîtra le 25 juin.

Chaque partie se vend séparément : 12 francs les deux volumes.

Il est tiré cent exemplaires d'amateur sur papier velin vergé collé, et vingt-cinq exemplaires sur papier vergé de couleur, au prix de 24 fr. les deux volumes composant chaque partie.

PARIS. — IMPRIMERIE DE J. CLAYE, RUE SAINT-BENOIT, 7

www.ingramcontent.com/pod-product-compliance
Lightning Source LLC
Chambersburg PA
CBHW052044230426
43671CB00011B/1779